Inhalt

In der Schule

Wir sind wieder da

Fußball
Tanz
Handball
Schach
Chor

1 Was mögen deine Mitschüler? Schreibe es auf!

Name: Sascha

Er mag Fußball.

Name: Lilli

Sie liebt Musik.

Name:

★ Was mögen deine Lehrer gern?

Fragen beantworten

1 Beantworte die Fragen im Satz!
Schreibe zum Schluss eine Frage hinzu!

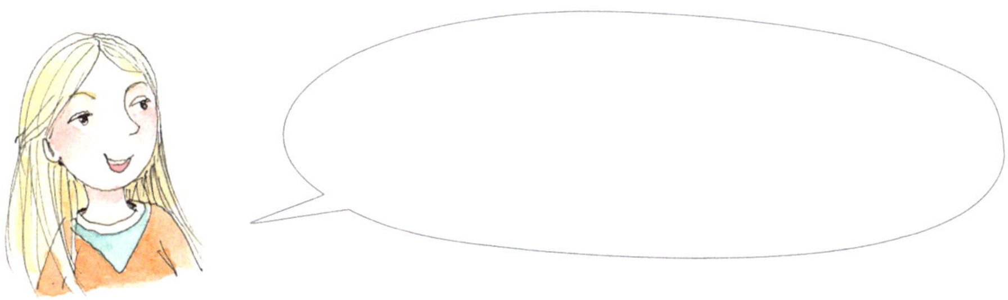

★ Finde heraus, welche Lieblingsfächer deine Mitschüler haben!

Besondere Substantive

1 Unterstreiche alle zwölf Substantive!

So ein Schreck

Hannes hat am ersten Tag nach den Ferien verschlafen.
Voller Sorge fragt er sich: „Komme ich noch pünktlich zur Schule?“
Zum Glück fährt Mama ihn schnell hin. Im Schulhaus ist Ruhe,
denn es hat schon geklingelt. Er nimmt allen Mut zusammen
und klopft an die Tür.

2 Schreibe die Substantive auf, die keine Dinge oder Personen bezeichnen!

3 Markiere alle Substantive!
Schreibe sie in der Einzahl und Mehrzahl auf!

KLEIN • TRAUM • RIESIG • STURM • JETZT
SCHATTEN • MANCHE • NACHT • EINIGE • WUNSCH

Einzahl	Mehrzahl

★ Suche Substantive, die Gefühle ausdrücken!

Zusammengesetzte Substantive

1 Vervollständige den Text!

~~Schuljahr~~ • Englischstunde • Buntstifte • Schreibhefte
Unterrichtsfach • Begrüßungsspiel

Das ______ hat begonnen. Alle Kinder haben neue

______ und ______ . Auf dem Plan

steht ein neues ______ .

Gespannt warten alle auf die erste ______ .

Die Stunde beginnt mit einem ______ .

2 Unterstreiche in den Zusammensetzungen aus Aufgabe 1
das Bestimmungswort und das Grundwort!

3 Schreibe zusammengesetzte Substantive auf!

Diese Wörter werden zum **Bestimmungswort**.

Sport • lesen • bunt

Das wird das **Grundwort.**

das Buch • das Papier
die Tasche • die Ecke
die Stifte • die Halle

______

______

______

★ Bilde mit deinem Lieblingsfach zusammengesetzte Substantive.

Das Abc und Wörterbucharbeit

1 Wie heißen die Wörter?
Schreibe sie dann nach dem Alphabet geordnet auf!

A	C	D	E	G	H	I	K	L	M	N	R	S	T	U	Ü	Z
1	2	3	4	5	6	7	8	9	10	11	12	13	14	15	16	17

5–9–16–2–8

14–12–1–15–10

12–15–6–4

6–15–11–5–4–12

6–7–14–17–4

3–15–12–13–14

2 Ordne nun diese Wörter nach dem Alphabet!

helfen • hell • Herz • Herbst • heute • haben

3 Suche die richtigen Stichwörter im Wörterbuch! Schreibe sie darunter!

du kommst

wärmer

ich will

es frisst

die Späße

länger

★ Suche im Wörterbuch die Buchstaben **C** und **M**!
Finde das kürzeste und das längste Wort!

Wörter mit b, d und g in der Wortmitte und am Wortende

1 Untersuche die Wörter! Arbeite so:

Geburt☼	die Geburten	die Geburt
Bran☼		
Zwer☼		
Pake☼		
hän✶st	hängen	du hängst
ich kle✶e		
ihr re✶et		
er mer✶t		
jun♦	junger	jung
blin♦		
har♦		
star♦		

2 Suche dir zwei Wörter aus und schreibe Sätze!

★ Bilde zum Wort **leben** eine Wortfamilie!

Bist du fit?

Nach den Ferien

Die Klasse 3a trifft sich zum Morgenkreis. Die Kinder stellen Fragen zum neuen Schuljahr. Alle haben gute Ideen. Die Lehrerin hört den Kindern gespannt zu. Es gibt viele Wünsche. An erster Stelle steht die Klassenfahrt. Die Freude darauf ist groß.

1 Unterstreiche alle Substantive, die keine Personen oder Dinge bezeichnen!

2 Wähle drei Substantive aus dem Text aus! Schreibe sie in der Einzahl und in der Mehrzahl auf!

____

____

____

____

3 Bilde zusammengesetzte Substantive!

Märchen | Lesung
Seite | Kinder
Messe | Wörter

BUCH

Bestimmungswort Buch :

____

____

Grundwort Buch : ______________________________

____

____

1 ☺ 😐 2 ☺ 😐 3 ☺ 😐

4 Unterstreiche die drei Fehler im zweiten Satz!

Leon schrei<u>p</u>t einen Text über eine Bur<u>k</u>. 

Die Lehrerin brinkt neue hefte mit und gipt sie aus.

5 Suche die Wörter im Wörterbuch! Berichtige so:

	Seite	Stichwort
schrei b t		
Bur		
brin t		
efte		
gi t		

6 Im Morgenkreis reden die Kinder über das neue Schuljahr.
Was wünschst du dir? Schreibe es in Sätzen auf!

Im Herbst

Verben

1 Setze die Verben in der richtigen Personalform ein!

fallen
sammeln
gehen
klettern
rascheln
beobachten
suchen

Nach der Schule ______ Felix und Selina durch den Park nach Hause. Die ersten Blätter ______ bereits von den Bäumen. Felix ______ Kastanien und Eicheln. Selina ______ besonders schöne bunte Blätter. Plötzlich ______ es. In der Baumkrone ______ ein Eichhörnchen. Gespannt ______ beide das niedliche Tier.

2 Schreibe die Verben in der Grundform auf!
Unterstreiche Wortstamm und Endung unterschiedlich!

du drehst – drehen

du nimmst – ______

er hat – ______

wir riechen – ______

es beginnt – ______

du beobachtest – ______

3 Finde passende Verben für die Wortfelder!

sehen: erblicken, ______, ______, ______

gehen: ______, ______, ______, ______

★ Was entdeckst du im Herbst? Schreibe es auf!

Treffende Adjektive

1 Setze die Adjektive passend ein!

schwarz-weiß grau

ELSTER

~~diebisch~~ laut

die ____________ Elster

der ____________ Schnabel

das ____________ Kreischen

das ____________ Gefieder

2 Finde treffende Adjektive! Ergänze die Wortgruppen!

buschig ____________

EICHHÖRNCHEN

____________ ____________

der ____________ Schwanz

das ____________ Fell

das ____________ Tier

die ____________ Zähne

3 Beschreibe eines der Tiere in Sätzen!
Unterstreiche die Adjektive!

____

____

____

____

____

★ Schreibe Tierrätsel für deine Mitschüler!

Wörter mit St/st und Sp/sp

1 Setze **st** oder **sp** ein! Sortiere dann nach Wortarten!

☐ät	☐reiten
☐euern	☐itz
☐ark	☐iegeln
☐umpf	☐azieren
☐ehen	☐ill

Adjektive	Verben

2 Finde neun Substantive mit **St** oder **Sp**! Markiere sie!

S	P	I	E	G	E	L	M	O	P	Z	I	A
S	T	O	F	F	X	S	T	I	E	L	V	J
K	L	S	T	R	A	N	D	H	S	V	T	H
A	S	P	I	T	Z	E	M	S	T	Ü	C	K
S	T	U	H	L	U	S	T	U	R	M	X	W
A	B	C	X	Y	S	T	A	D	T	J	V	R

3 Schreibe die Substantive aus Aufgabe 2 in der Mehrzahl auf!

die Spiegel

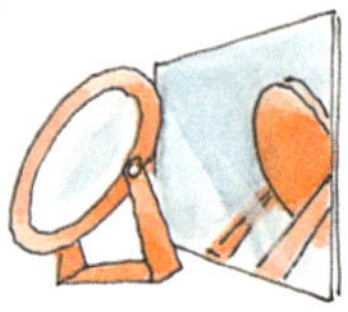

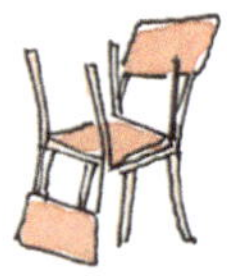

★ Suche Zungenbrecher mit **st** oder **sp**!

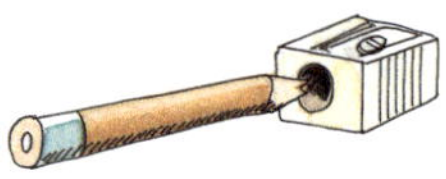

Wörter mit ch

1 Unterstreiche alle Wörter mit **ch**!

Auf dem Schulhof beobachtet Tim Regenwürmer. Das sind nützliche Tiere. Bei feuchtem Wetter kriechen sie an die Oberfläche. Dann sieht man viele kleine Löcher im Boden. Regenwürmer sind empfindlich. Deshalb muss Tim vorsichtig sein.

2 Schreibe die unterstrichenen Wörter geordnet heraus!

Adjektive **Verben** **Substantive**

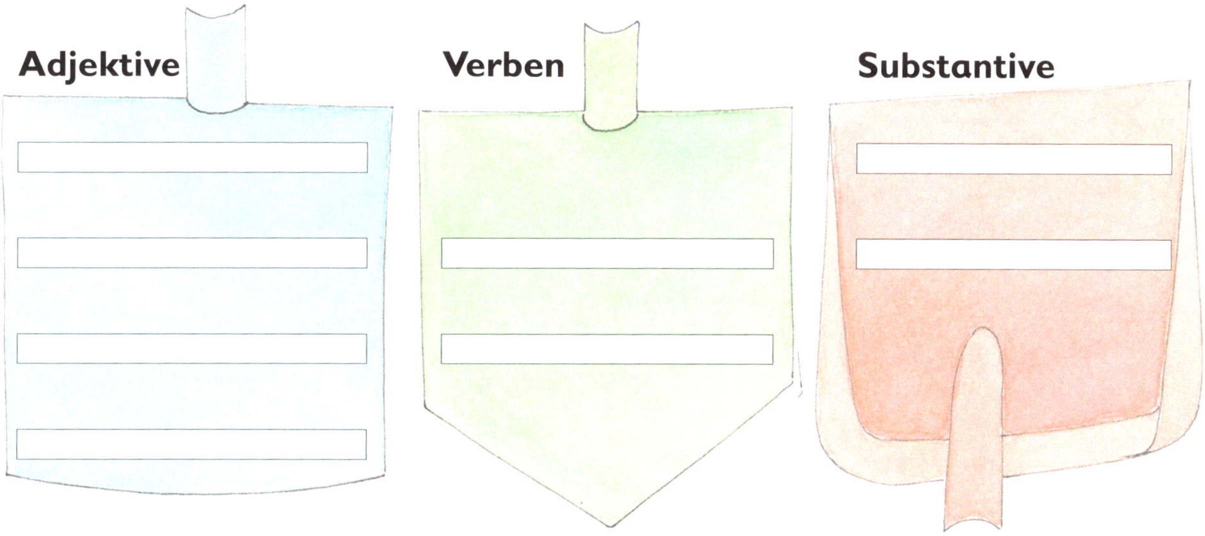

Abc 3 Markiere in jeder Zeile den Fehler! Berichtige!

Ben Zeichnet Regenwürmer.

Die Erde richt frisch.

Der Mond läuchtet hell am Himmel.

Der geruch von Kuchen zieht durch die Küche.

Der Unterrischt ist schnell vorbei.

★ Suche Namen, die mit **Ch** beginnen!

Miteinander leben

Präsens und Präteritum

1 Markiere alle Verben im Text!

Das Endspiel meiner Handballmannschaft war ganz spannend. Lange Zeit lagen wir mit einem Tor im Rückstand. Doch unser Tormann hielt fast alle Bälle. Wir liefen über das Spielfeld und warfen fünf Tore hintereinander. Alle klatschten Beifall. Unsere Freunde und Eltern gratulierten uns zum Sieg.

2 Vervollständige die Tabelle!

	Es passierte gestern. **Präteritum**	**Es passiert heute.** **Präsens**
es		
wir		
er		
wir		
wir		
sie		
sie		

3 Schreibe den vierten Satz aus dem oberen Text im Präsens auf!

★ Bilde alle Präteritumsformen von **wünschen** und **schieben**!

Personalpronomen

1 Ersetze das Substantiv durch ein passendes Personalpronomen!

 die Handschuhe 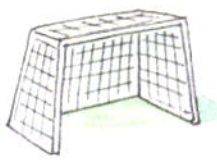 das Tor 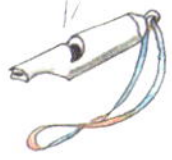 die Pfeife  der Ball

2 Ersetze die fett gedruckten Substantive durch ein Personalpronomen!

Felix geht zum Training.

Tim und Paul warten vor der Halle.

Heute möchte **Selina** einmal mitspielen.

Pünktlich um 15 Uhr beginnt **das Spiel**.

3 Bilde sinnvolle Sätze! Markiere das Personalpronomen!

ich, du, wir, ihr	schwimmen, rennen springen, kriechen	schnell, gut hoch, weit

★ Verstecke Personalpronomen in anderen Wörtern! *durstig, sieben …*

Eine Person beschreiben

1 Lies den Text genau! Unterstreiche die Informationen für den Steckbrief! Vervollständige ihn!

Leni ist neun Jahre alt.
Sie geht zum Handballtraining.
Dabei trägt sie ein Trikot,
eine kurze Hose und Sportschuhe.
Auch Knieschützer gehören zu
ihrer Ausrüstung.
Leni wird oft als Kreisläuferin
eingesetzt.
Sie kann schnell laufen
und besonders gut werfen.

Name: Leni

Alter: ________

Sportart: ________

Aufgabe: ________

Ausrüstung: ________
____
____
____

Eigenschaften: ________
____

2 Sammle Wörter, die den Torhüter beim Fußball beschreiben!

Stutzen

★ Beschreibe deinen Lieblingssportler!

Zwei Geschichten entdecken

1 Zwei Geschichten haben sich in einem Text versteckt.
Unterstreiche sie mit unterschiedlichen Farben!

Tim ist schon sehr aufgeregt.

Am Nachmittag findet die große Schacholympiade statt.

Heute startet der Herbstlauf im Park.

Anne und Lukas spielen gegeneinander.

Im letzten Jahr war er Sieger.

Beide wollen gewinnen.

Klappt es heute wieder?

Es ist ganz schön spannend.

2 Schreibe für jede Geschichte eine Überschrift!

3 Suche dir eine Geschichte aus! Schreibe sie weiter!

★ Gestalte deine Geschichte!

Geschichten mit dem roten Faden überprüfen

1 Überprüfe die Geschichte mit dem roten Faden!
Beantworte die Fragen!

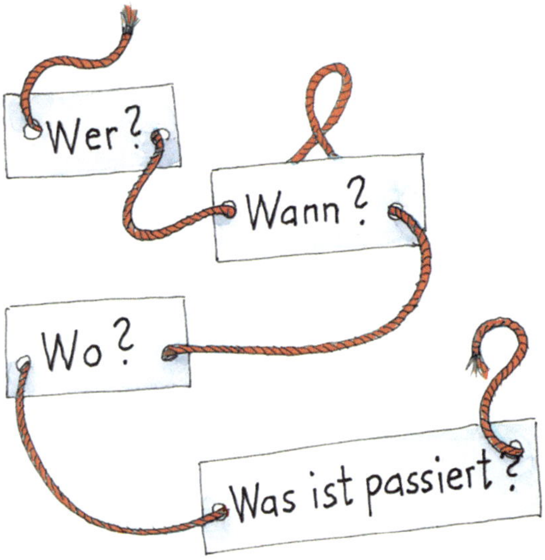

Paul erzählt:

Letzten Sonnabend waren wir bei einem Fußballturnier in der Sporthalle.
Pünktlich um 14 Uhr ging es los.
Wir spielten gegen drei weitere Mannschaften.
Im Endspiel lagen wir lange zurück.
Plötzlich bekam ich den Ball vor die Füße und schoss ein Tor.
Alle jubelten.

Wer? In der Geschichte gibt es immer eine Hauptfigur.

Wann? Geschichten spielen immer in einer bestimmten Zeit.

Wo? Geschichten spielen immer an einem Ort.

Was passiert? Es wird erzählt, was Personen erleben.

★ Schreibe deine Ideen auf Geschichtenkarten!

ein Tor für Paul | der verschenkte Elfmeter

Wörter mit Sch/sch

1 Markiere alle Wörter mit **Sch/sch**!

S	C	H	M	U	T	Z	I	G	X	S	C	H	M	E	C	K	E	N
S	C	H	A	T	T	E	N	Y	S	C	H	I	E	B	E	N	Z	S
C	D	T	H	J	K	E	R	S	C	H	R	E	C	K	E	N	M	C
H	U	I	K	S	L	L	S	C	H	Ü	T	T	E	L	N	B	C	H
I	G	R	M	B	G	S	C	H	A	R	F	K	R	R	E	E	E	R
E	Z	G	E	S	C	H	Ä	F	T	M	A	S	C	H	I	N	E	E
F	R	I	S	C	H	J	D	G	Z	W	Ü	N	S	C	H	E	N	C
Z	A	S	C	H	W	I	E	R	I	G	R	T	Z	S	L	R	R	K

2 Sortiere nach Wortarten:

Substantive
(5 Wörter):

Verben
(5 Wörter):

Adjektive
(5 Wörter):

3 Wähle eine Wortart aus Aufgabe 2 aus!
Schreibe die Wörter nach dem Abc geordnet auf!

★ Finde Wörter, die mit **schl** beginnen!

Herbstlauf

Jedes Jahr im Oktober startet die 8. Grundschule ihren Herbstlauf.

Gestern war es wieder so weit. Pünktlich um 10 Uhr begann der Lauf.

Zuerst rannten die 1. und 2. Klassen.

Die Lehrerin rief: „Lauft eine Runde!“ Die Klasse 1a gewann.

Murat aus der 4. Klasse fragte: „Wie viele Runden rennen wir?“

Maria antwortete ihm: „Wir laufen die doppelte Strecke.“

Die Sieger bekamen einen kleinen Pokal.

1 Markiere im Text alle Verben!

2 Sortiere die Verben nach Zeitformen:

Präsens: ______________________________

____

Präteritum: ______________________________

____

____

3 Ergänze die fehlenden Formen!

Grundform	Präsens	Präteritum
haben	er	
	ich laufe	
		du fühltest
blitzen	es	

4 Überarbeite den Text!
- Überprüfe die Zeitformen!
- Ersetze sich wiederholende Substantive durch Personalpronomen!

Gestern verstaucht sich Max die Hand.

Die Hand wird sofort dick.

Max bekommt einen kalten Umschlag.

Max war ganz unglücklich.

Seine Mitschüler trösten ihn.

5 Beschreibe den Spieler! Wie sollte er sein?

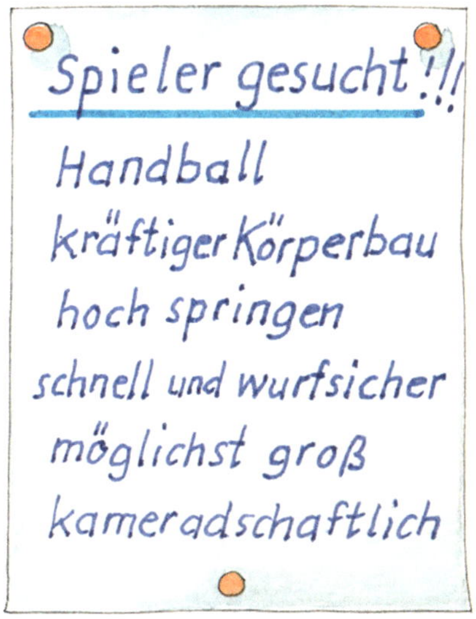

Märchenzeit

Märchen kennen

1 Im Text sind sieben Märchen versteckt!
Schreibe sie auf!

Aschenputtel besuchte seine Großmutter Dornröschen.
Es brachte Kuchen und Wein in einem Korb mit.
Im Wald traf es einen Frosch, der sich in einen Prinzen verwandelte.
Er wollte sich bei Hänsel und Gretel satt essen,
um dann die sieben Zwerge zu besuchen.
Unterwegs begegnete er auch den Bremer Stadtmusikanten.

2 Verbinde das Bild mit dem Satz aus dem Märchen!

Bei der Arbeit halfen ihr die Tauben.

Er brachte der Prinzessin ihr Lieblingsspielzeug.

Die Freunde zogen in eine große Stadt.

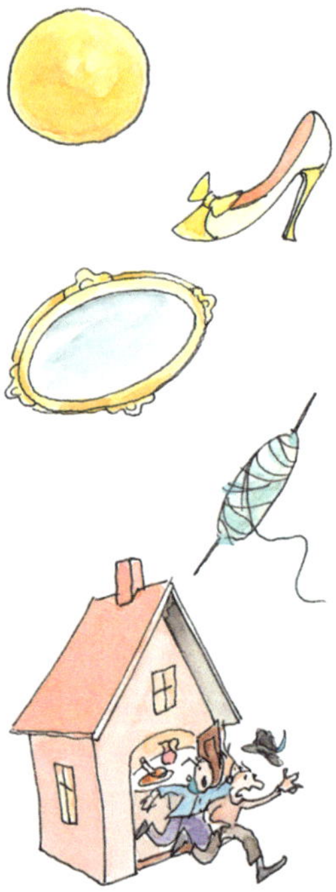

Sie stach sich beim Spinnen in den Finger und fiel in einen langen Schlaf.

Sie war die Schönste im ganzen Land und hatte treue Freunde.

★ Erzähle dein Lieblingsmärchen deinen Mitschülern!

Ein neues Märchen schreiben

1 Entscheide dich für eine Möglichkeit aus dem Märchenbuch!
Schreibe dazu ein neues Märchen!

★ Zähle Wunder auf, die in Märchen passieren!

Verben im Präteritum

1 Setze die Verben im Präteritum ein!

Rotkäppchen [brachte] der Großmutter Kuchen und Wein. — bringen

Dornröschen [ ] 100 Jahre lang. — schlafen

Rapunzel [ ] ihr langes Haar herunter. — lassen

Die Bremer Stadtmusikanten [ ] durch das Land. — ziehen

Schneewittchen [ ] bei den sieben Zwergen. — wohnen

Frau Holle [ ] kräftig die Betten aus. — schütteln

2 Vervollständige die Tabelle! Prüfe deine Schreibweise mit dem Wörterbuch!

Personalform im Präteritum	**Grundform**
sie brachte	bringen

3 Unterstreiche die Personalformen, bei denen sich der Wortstamm ändert!

★ Finde Zauberdinge im Märchen! *Tarnkappe, Goldesel …*

Wörter mit ng und nk

1 Finde das Gegenteil!

2 Unterstreiche die Wörter einer Wortfamilie mit der gleichen Farbe!

fangen	du bringst	der Fang	mitbringen
denken	du trinkst	er denkt	das Getränk
bringen	der Gedanke	getrunken	gedacht
trinken	gefangen	das Mitbringsel	er fing

3 Schreibe zwei Wortfamilien heraus! Finde weitere Wörter dazu!

★ Finde viele Verben mit **ng** und **nk**!

Im Winter

Satzglieder

1 Schreibe einen Satz und verwende alle Satzglieder!

mit Jenny | auf dem Schulhof | baute | Julia | gestern | einen Schneemann

____

____

2 Umrande die Satzglieder!

(Der Schnee) (fällt) (heute) (in dichten Flocken) (vom Himmel.)

Selina und Franz rodeln.

In der Kurve fällt Franz vom Schlitten.

Andere Kinder bauen auf dem Spielplatz einen großen Schneemann.

3 Ergänze weitere Satzglieder! Bilde immer längere Sätze!

Eishockey
am Nachmittag
in der Eishalle

Was? Felix spielt ______________ .

Was? Wann? Felix spielt ______________

______________ .

Was? Wann? Wo? Felix spielt ______________

______________ ______________ .

Was? Mit wem? Wann? Wo? Felix spielt ______________

__________ ______________ ______________ .

★ Bilde einen langen Wintersatz!

Sätze umstellen

1 Umrande die Satzglieder! Stelle den Satz zweimal um!

Felix und Selina laufen mit Schlittschuhen um die Wette.

2 Stelle die Satzglieder so um, dass der Text für den Leser interessanter klingt!

Lena erzählt:
Ich habe gestern einen Schneemann gebaut.
Ich habe zuerst drei Schneekugeln gerollt.
Ich habe sie dann aufeinandergestellt.
Ich habe danach dem Schneemann einen alten Hut aufgesetzt.
Ich habe Gesicht und Bauch lustig verziert.
Ich habe ihn Karl genannt.

★ Schreibe Satzglieder auf Kärtchen!
Lass deinen Partner Sätze bilden!

Zusammengesetzte Verben

1 Bilde mit den Wortbausteinen viele Verben!

an auf ab um aus vor

ziehen: ______________________________

____

passen: ______________________________

beißen: ______________________________

____

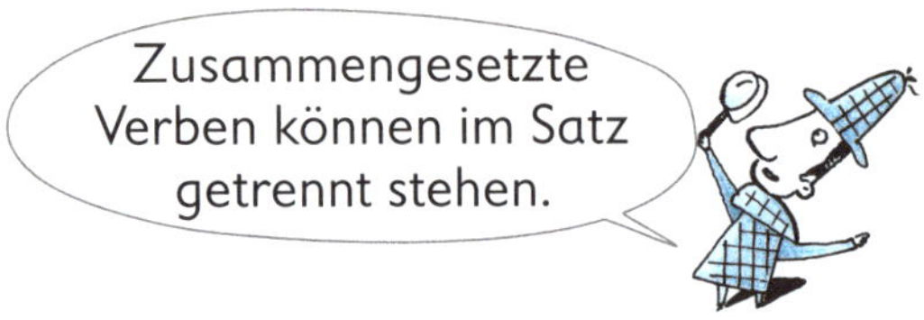

2 Setze in den Lückentext die Verben ein!

Emma und Franzi *ziehen* ihre Schlitten den Berg *hoch*.	hoch ziehen
Sie ______ beim Start ______.	an kommen
Emma ______ Franzi mit ihrem Schlitten ______.	ab stoßen
Dabei ______ sie ______ und ______ ______.	aus rutschen hin fallen
Schnell ______ sie wieder ______. Franzi	auf stehen
______ ______. Plötzlich ______ ihr Schlitten ______.	los fahren um kippen
Sie ______ wie ein Schneemann ______.	aus sehen
Franzi ______ sich den Schnee ______ und	ab klopfen
______ schnell ______.	weiter fahren

★ Erkläre die Begriffe **Biathlon** und **Snowboard**!

Stolperstellen

ZUERST KLEBE ICH EINEN KLEINEN SCHNEEMANN
AUS PLASTIK INNEN AUF DEN DECKEL.
DANN SCHÜTTE ICH GLITZERFLOCKEN
IN DAS GLAS?
NUN FÜLLE ICH BIS ZUM RAND WASSER AUF.
ZUM SCHLUSS GEBE ICH KLEBSTOFF
AUF DEN DECKEL UND
DREHE DAS GLAS FEST ZU.

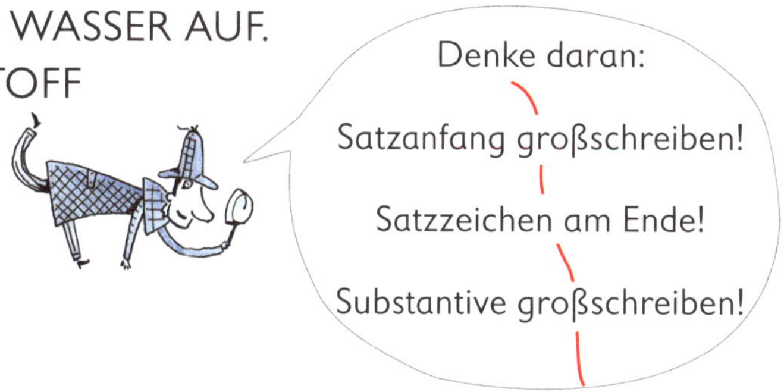

1 Schreibe den Text richtig ab!

★ Schreibe eine Karte für den, der deine Schneekugel erhält!

Doppelter Mitlaut nach kurzem Selbstlaut

1 Entscheide, ob kurzer oder langer Selbstlaut!

n oder nn

der Do ___ er
die Kro ___ e
der To ___
die Ta ___ e

s oder ss

der E ___ el
die Nu ___
der Schlü ___ el
das Gra ___

f oder ff

der Lö ___ el
der Sto ___
der Ho ___
das U ___ er

2 Schreibe die Reimwörter auf! Markiere den kurzen Selbstlaut!

ne ◯ en   zi ◯ ern   fa ◯ en   la ◯ en   schli ◯ ern

re ◯ en   ke ◯ en   wi ◯ ern   pa ◯ en

tt ___ ___ ___

nn ___ ___ ___

ss ___ ___ ___

3 Suche verwandte Wörter! Markiere den Wortstamm!

schütteln, ___

kämmen, ___

brennen, ___

wissen, ___

fallen, ___

★ Finde Wörter mit **dd**!

Wörter mit doppeltem Mitlaut

1 Ordne die Wörter nach Wortfamilien!

rennen | wir klettern | er rannte | das Kletterseil

das Wettrennen | der Kletterturm | das Rennrad | wir kletterten

2 Markiere die Fehler! Berichtige die Sätze!

Selina und Franz trefen sich im Park.

Sie wolen eine rutschbahn bauen.

Sie renen und Schlittern schon mal los.

dabei fält Franz hin.

★ Finde Reimpaare mit doppeltem Mitlaut! *hell – schnell, …*

Bist du fit?

1 Am Nachmittag treffen sich einige Kinder der Klasse 3 in der Eishalle.
2 Tim trainiert schon seit einem Jahr Eisschnelllauf.
3 Seine Freunde probieren es heute auch aus.
4 Felix fällt sofort hin.
5 Er steht auf und lacht.
6 Paul und Selina halten sich gegenseitig fest.
7 Trotzdem haben alle viel Spaß.

1 Im Text stehen vier zusammengesetzte Verben.
Schreibe sie heraus!

2 Schreibe die Sätze 4 und 5 im Präteritum auf!

Satz 4:

Satz 5:

3 Verwende alle Satzglieder in einem Satz!
Stelle den Satz dann um!

alle Kinder | gemeinsam | Eishockey | zum Schluss | spielen

 1 ☺ 😐 2 ☺ 😐 3 ☺ 😐

4 Unterstreiche alle sechs Fehler! Berichtige!

der Löfel, die Sonne,
das blatt,
die Tase, der Teller

schaffen, er kante,
ich Klettere,
es passte, er samelt

5 Wie baust du einen Schneemann? Schreibe eine Anleitung dazu!

Das tut mir gut

Prädikate kennen lernen

1 Was machen die Kinder in der Schwimmhalle?
Finde zu jedem Bild das treffende Verb!

1 

2 

3 

4 

2 Vervollständige die Sätze! Markiere die Prädikate!

1 Benni ______ im tiefen Wasser.

2 Maria ______ schon die fünfte Bahn.

3 Max ______ vom Startblock ins Wasser.

4 Alle ______ gemeinsam Wasserball.

3 Schreibe mindestens drei Sätze! Unterstreiche die Prädikate!

Benni	waschen	viele Bahnen
Ina	gewinnen	ihre Badetasche
Leni	packen	unter der Dusche
Dominik	frieren	ihre Haare
alle	schwimmen	den Tauchwettbewerb

★ Verwende die Verben **föhnen** und **wechseln** als Prädikate in Sätzen!

Zahlwörter

1 Markiere die Zahlwörter!

zweiundzwanzig Tage | zehn Bahnen
fünf Startblöcke | mehrere Tage | zwölf Kinder | viele Stunden
einzelne Gruppen | wenige Wochen | einige Meter | fünfzehn Minuten

2 Ordne so:

bestimmte Zahlwörter (5 Wörter):

____

____

unbestimmte Zahlwörter (5 Wörter):

____

____

3 Immer zwei gehören zusammen. Schreibe auf!

die zweite Stunde	Urlaub
ein halber Liter	Äpfel
mehrere Wochen	Milch
vier	Mathematik

____

____

____

____

★ In welcher Sportart stecken Zahlwörter? *100-Meter-Lauf, ...*

Verwandte Wörter

1 Schreibe die Wortpaare heraus! Bilde mit jedem Wortpaar einen Satz!

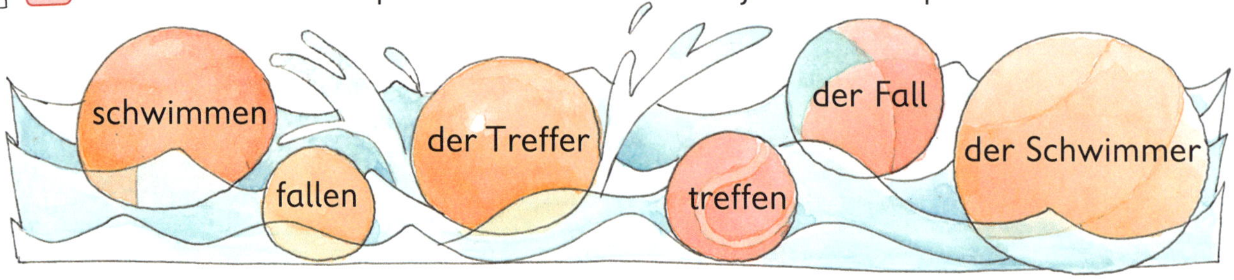

2 Finde zu den Verben verwandte Wörter!

schwimmen	*er schwimmt*	der Wurf
springen		der Fall
tauchen		der Schwimmer
fallen		der Taucher
werfen		der Streit
streiten		der Sprung

★ Manchmal steckt das Substantiv im Verb: *schlafen – der Schlaf, tanzen – der Tanz.* Finde selbst Beispiele!

Eine Bildergeschichte schreiben

1 Sammle Wörter zu den Bildern! Schreibe sie auf!

Schwimmhalle,
am Nachmittag,

werfen, tauchen,
Wasserball,

die beste Mannschaft,
gratulieren,

2 Schreibe eine Geschichte mit deinen Wörtern!

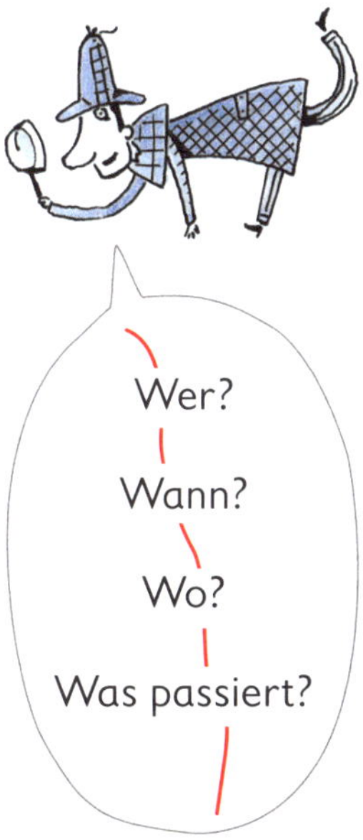

★ Was kannst du alles in der Schwimmhalle machen?
Spiele es deinen Mitschülern vor und lasse sie raten!

Wörter mit ck

1 Suche die Wörter im Wörterbuch! Setze **ck** oder **k** ein!

die Brü__e • der Bä__er • der Kro__us • die Ja__e • le__en
glü__lich • die Sti__er • stär__en • das Pa__et • di__ • schme__en
der Schran__ • e__ig • pa__en • mer__en • der Blo__ • qua__en

2 Schreibe alle Wörter mit **ck** geordnet heraus!

Substantive (5 Wörter):

Verben (3 Wörter):

Adjektive (3 Wörter):

3 Markiere die Fehler! Schreibe die Wortgruppen richtig auf!

der große block

die dreckige jacke

ein Stük Zukker

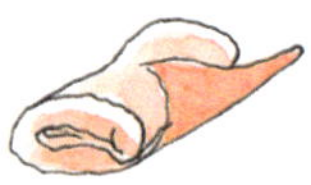
die dicke decke

das Eis schmekt

Finde viele Verben mit **ck** und **k**!

Wörter mit tz

1 Suche die Wörter im Wörterbuch! Entscheide **tz** oder **z**!

das Sal	plö lich	schwar
das Gese	die Wur el	die Hi e
das Her	bli en	kra en
zule t	spi	der Ar t

2 Finde passende Wörter! Markiere den kurzen Selbstlaut vor dem **tz**(.)!

atz: ______

etz: ______

itz: ______

otz: ______

utz: ______

3 Trenne die Wörter nach Silben!

blitzen:	______	nutzen:	______
blitzten:	______	nützlich:	______
letzter:	______	schwitzen:	______
zuletzt:	______	schwitzten:	______

★ Manche Wörter aus anderen Sprachen werden mit **zz** geschrieben.
Entdecke solche Wörter!

Früher und heute

Zeitformen des Verbs

1 Unterstreiche die Verben!

Seit etwa 100 Jahren gibt es Spielzeug für Kinder.
Für das Spielen blieb den meisten Kindern wenig Zeit.
Die Kinder trafen sich draußen und spielten gemeinsam Murmel- und Kreisspiele.
Sie besaßen kaum Spielzeug.
Für sie gab es keine Kinderzimmer.
Die Mädchen liebten besonders Puppen und Kaufmannsläden.
Eisenbahn und Zinnfiguren wünschten sich die Jungen.
Heute sammeln und tauschen die Kinder gern Sticker.
Nachmittags treffen sie sich oft in Sportvereinen.
Viele Kinder spielen auch an Tablet und Computer.

2 Schreibe die Verben im Präsens und im Präteritum heraus!

Präsens (5 Wörter):

Präteritum (7 Wörter):

3 Schreibe mit dem Verb **lesen** einen Satz im Präsens und einen im Präteritum!

★ Erforsche, welche Spielzeuge es heute nicht mehr gibt!

Personalformen des Verbs

1 Verbinde die Personalform im Präteritum mit der dazugehörigen Grundform!

es blieb sie hatten
es blickten wir nahmen
sie trafen er führte

führen nehmen
treffen haben
blicken bleiben

2 Übertrage die Verbformen in die Tabelle und ergänze die fehlenden Formen!

Präsens	Präteritum	Grundform

3 Setze die Verben in der richtigen Zeitform ein.

Früher ______ die Kinder mit dem Griffel auf einer Schiefertafel.

Sie ______ auf festen Holzbänken.

Zum Spielen ______ nur wenig Zeit.

Die Kinder ______ viel im Haushalt.

sitzen
helfen
schreiben
bleiben

★ Erkläre deinen Mitschülern die Verben **kreiseln** und **klimpern**!

Einen Gegenstand beschreiben

1 Streiche durch, was **nicht** den Gegenstand beschreibt!

Holzstelzen | Stoff | Holz | zwei dicke Holzstäbe | im Auto

rote Spitze | braun lackiert | mit Fußstützen | Wolle

für Sport und Spiel | Wasser | draußen im Hof

2 Ergänze den Steckbrief!

Name: Holzstelzen

Material:

Teile:

Farbe:

Verwendung:

Spielort:

3 Beschreibe den Gegenstand in Sätzen!

★ Beschreibe deinen Mitschülern die Spielzeuge **Kreisel**, **Murmeln** und **Spieldose**!

Wörtliche Rede erkennen

1 Ordne den Fragen die Antworten zu!
Setze in den Sprechblasen die richtigen Satzschlusszeichen!

2 Schreibe das Gespräch ab! Setze die Anführungszeichen!

1 Die Lehrerin fragt: ____________________

____

Selina antwortet: ____________________

2 Nun fragt die Lehrerin: ____________________

____

Paul antwortet: ____________________

3 Zum Schluss fragt sie: ____________________

____

Anna sagt: ____________________

★ Erkunde, was Stammbuchbilder sind! Gibt es sie noch heute?

Wörter mit ß

1 Kurzer oder langer Selbstlaut? Setze **ss** oder **ß** ein!
Schreibe die Wörter dann geordnet heraus!

Wörter mit ss

_____
_____
_____
_____
_____

drau __ en
der Spa __
der Ku __
sü __
das Schlo __
wi __ en
grü __ en
na __
flei __ ig
la __ en

Wörter mit ß

_____
_____
_____
_____
_____

2 Unterstreiche die Verben! Schreibe die Grundform auf!

Heute Morgen floss kaum Wasser aus der Leitung. _____

Unser Opa goss schon zeitig die Blumen im Garten. _____

Oma biss auf einen Kirschkern. _____

Ich schloss die Tür mit einem lauten Knall. _____

Sie riss das Papier in Stücke. _____

★ Finde Substantive mit **ß**.

Wörter mit t

1 Setze richtig ein! Schreibe Großbuchstaben!

1 Wenn ich krank bin, gehe ich zu ihm.
2 Man verschickt es mit der Post.
3 Das ist ein Nadelbaum.
4 Manchmal schreiben wir einen langen …
5 Alle vier Seiten sind gleich lang.
6 Das Jahr hat zwölf …
7 Einmal im Jahr hat jeder …

Das Lösungswort heißt:

2 Ordne die Wörter aus Aufgabe 1 nach dem Abc!
Schreibe sie mit Artikel auf!

3 Schreibe zusammengesetzte Substantive!

STADT	BOOT
HAUS	FÜHRER
GESCHENK	STÜCK
THEATER	PAKET

★ Gestalte ein Rätsel mit **t**-Wörtern!

Bist du fit?

1 Max fuhr drei Tage auf Klassenfahrt in die Jugendherberge.

2 Dort ging er mit einigen Freunden auf Erkundungstour im Park.

3 Dabei entdeckten sie viele verschiedene Spielgeräte.

4 Neugierig kletterte Max auf die Hängebrücke.

5 Nur zwei Kinder folgten ihm mutig.

6 Felix rief: „In fünf Minuten gibt es Mittagessen!“

7 Schnell rannten alle zum Haus.

1 Markiere im Text alle bestimmten und unbestimmten Zahlwörter! Schreibe sie geordnet heraus!

bestimmte Zahlwörter: (3 Wörter)

unbestimmte Zahlwörter: (3 Wörter)

2 Schreibe die sieben Verbformen im Präteritum mit den dazugehörigen Personalpronomen heraus!

3 Schreibe Satz 6 und Satz 7 im Präsens auf!

1 ☺ 😐 2 ☺ 😐 3 ☺ 😐

4 Setze die fehlenden Satzzeichen! Markiere die Redebegleitsätze!

Die Kinder haben Fragen zur Steinzeit.
Felix fragt: Wie wärmten sich
die Steinzeitmenschen
Der Lehrer antwortet: Sie hatten
ein großes Feuer in der Höhle,
was nicht ausgehen durfte
Max fragt: Was für Werkzeuge besaßen sie
Der Lehrer sagt: Sie hatten Nähnadeln aus Knochen und Messerklingen
aus Feuerstein

5 Beschreibe das Leben des Steinzeitmenschen!

- Leben gefährlich und hart
- wurden kaum älter als 30 Jahre
- wohnten in Höhlen
- Felle als Kleidung
- waren etwa nur 1,40 m groß
- jagen, fischen
- Fährten lesen

Im Frühling

Mit Adjektiven vergleichen

1 Wähle Adjektive aus, die zum Frühling passen!

Frühling

2 Setze „… **als**" oder „**so** … **wie**" mit dem Adjektiv ein!

Der Frühling hat begonnen.

Am Frühlingsanfang ist der Tag ______ die Nacht. lang

Bei uns auf der Nordhalbkugel werden die Tage wieder ______ die Nächte. lang

Außerdem wird es nun langsam ______ im Winter. warm

Die Frühblüher leuchten ______ im letzten Jahr. bunt

Auch die Vögel singen ______ bisher. laut

Auf der Südhalbkugel wird es langsam ______ bei uns. kühl

Dort beginnt nun der Herbst.

★ Wähle eine andere Jahreszeit und finde passende Adjektive!
Du kannst auch ein Plakat gestalten!

Adjektive steigern

1 Ergänze die Tabelle!

Grundstufe	Mehrstufe	Meiststufe
	dicker	
	kühler	
		am schönsten
		am längsten
nass		
glatt		

2 Setze die passende Form des Adjektivs in das Streitgespräch ein!

Eiche: „Mein Stamm ist ______ als deiner."

Kastanie: „Dafür sind meine Früchte viel ______ als deine Eicheln."

Eichel: „Meine Blätter haben die ______ Form."

Kastanie: „Ich habe die ______ Wurzeln und meine Rinde ist ______ als deine."

Eiche: „Aber ich werde ______ als du."

★ Finde Adjektive, die man nicht steigern kann: grün, lebendig ...

Prädikate im Satz erkennen

1 Kennzeichne die Wortgrenzen! Schreibe den Satz ab!

DERSTORCHBAUTIMFRÜHJAHRSEINNEST

____

2 Verbinde, was zusammenpasst!

1 Die Kinder	beobachten	die ersten Blumen.
2 Im Garten	blühen	Frösche am Teich.
3 Die Bienen	fliegen	aus ihrem Bau.
4 Die Vögel	singen	von Blüte zu Blüte.
5 Einige Ameisen	kriechen	wieder ihre Lieder.

3 Schreibe die Sätze ab! Unterstreiche die Prädikate!

1 ______________________________

2 ______________________________

3 ______________________________

4 ______________________________

5 ______________________________

____

★ Welcher Vogel baut einen Horst?

Wörter mit h am Ende des Wortstammes

1 Schreibe Reimwörter auf!

glühen
krähen
drehen
blühen
nähen
wehen

2 Bilde neue Wörter! Verwende beide Verben!

3 Schreibe die Wörter der Wortfamilien heraus!

das Glühwürmchen • fernsehen • genäht • verglühen • die Naht
der Fernseher • nähen • glühend • das Fernsehverbot

★ Was ist Fernsehverbot? Erkläre es deinen Mitschülern!

Der Natur auf der Spur

Meinungen begründen

1 Ordne die Argumente!

Streitfrage der Klasse 3: **Wer ist für eine Nachtwanderung im Wald?**

schlechtes Wetter	das ist toll	draußen in der Natur
Kinder haben Angst	es gibt Gespenster	man kann sich verlaufen
es ist dunkel	man sieht viele Sterne	

Argumente dafür:

Argumente dagegen:

2 Welche Meinung hast du? Begründe!

Meine Meinung:

Meine Begründung:

★ Was könnte Seltsames auf der Nachtwanderung passieren?

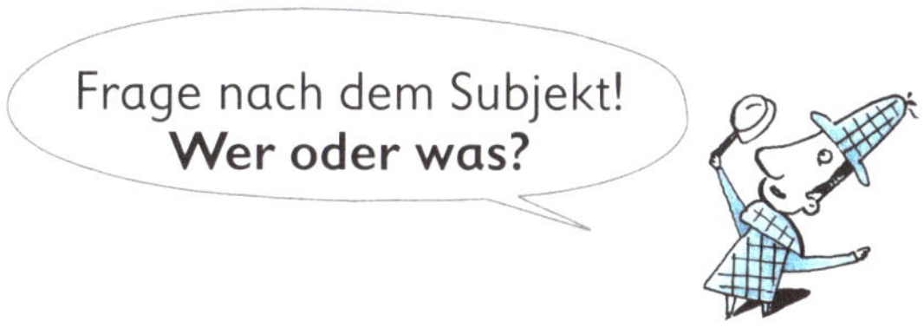

Subjekt und Prädikat

1 Ergänze die passenden Prädikate. Unterstreiche dann die Subjekte!

Marienkäfer ________ gute Flieger.

Sie ________ viele Kilometer, um Futter zu finden.

Gartenbesitzer ________ Marienkäfer sehr.

Ein einziger Käfer ________ tausende Blattläuse.

Bei uns ________ der Siebenpunkt-Marienkäfer.

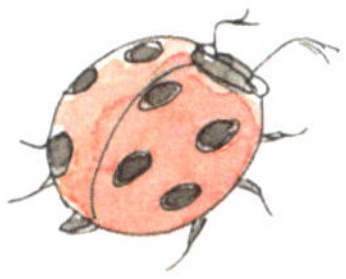

Es ________ aber noch viele andere Arten.

fliegen
sind
vertilgt
mögen
gibt
lebt

2 Bilde Aussagesätze!
Markiere die Subjekte und die Prädikate!

stets am und im Wasser | Biber | leben

____

Biberburg | ihr Bau | heißt

____

sie | zu den Nagetieren | gehören

____

fällen | ganze Bäume | diese Tiere

____

★ Bilde lustige Tiersätze! *Der Dachs dackelt davon.*

Stichpunkte aufschreiben

1 Lies den Text genau!
Markiere im Text die Antworten auf die Fragen!

Der Körper des Maikäfers ist, wie bei allen Insekten, in drei Abschnitte geteilt. Kopf, Brust und Hinterleib sind beweglich miteinander verbunden. Maikäfer haben drei Beinpaare und zwei Paar Flügel.
Sie fliegen meist in der Dämmerung. Dabei brummen sie laut. Am Kopf sind zwei Netzaugen, die aus mehreren tausend Einzelaugen bestehen.
Mit den beiden Fühlern riechen und tasten sie.
Maikäfer fressen Wurzeln und schaden damit den Pflanzen.

Zu welcher Familie der Tiere gehören die Maikäfer?

In welche Abschnitte ist der Körper geteilt?

Womit bewegen sich Maikäfer fort?

Was machen die Maikäfer beim Fliegen?

Warum werden die Augen als Netzaugen bezeichnet?

Wozu dienen die beiden Fühler?

Warum sind Maikäfer Schädlinge?

2 Schreibe einen Stichpunktzettel zum Maikäfer!

Stichpunktzettel:

★ Woher hat der Maikäfer seinen Namen? Finde es heraus!

Wörter mit ä und äu

1 Verbinde die verwandten Wörter!

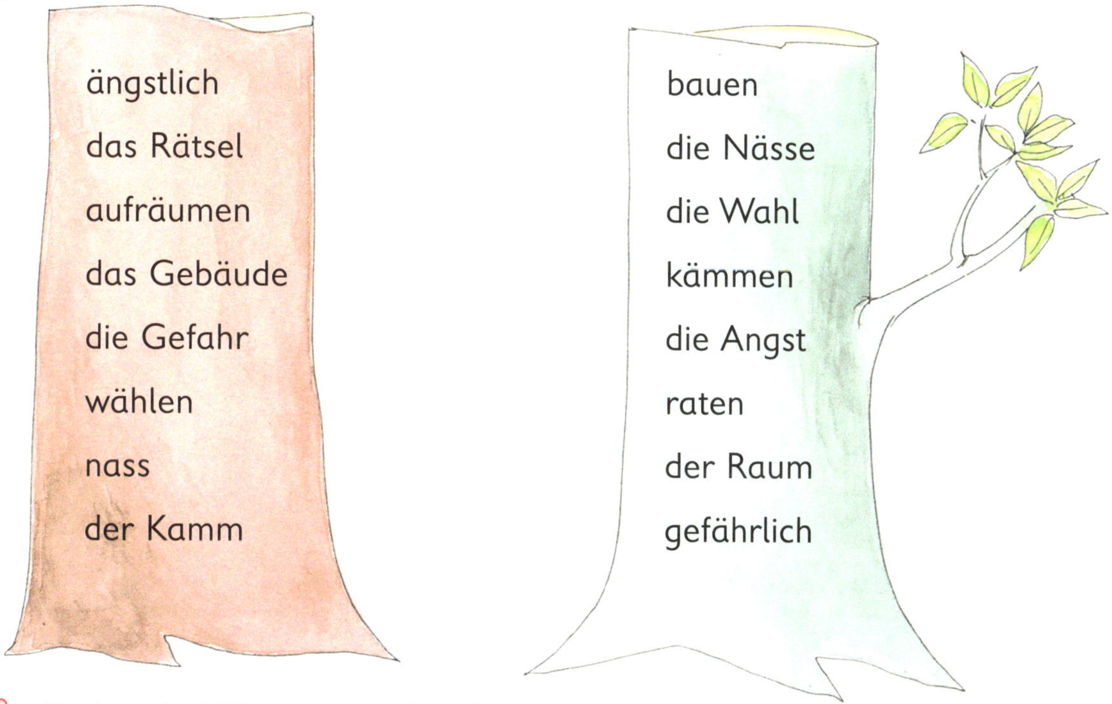

ängstlich
das Rätsel
aufräumen
das Gebäude
die Gefahr
wählen
nass
der Kamm

bauen
die Nässe
die Wahl
kämmen
die Angst
raten
der Raum
gefährlich

2 Ordne die Wörter aus dem Kasten zu!

l**ä**nger • vollst**ä**ndig • **ä**hnlich • die **Ä**rztin • der K**ä**fig • tr**ä**umen
kr**ä**ftig • der L**ä**rm • die Sch**ä**rfe • w**ä**hrend • n**ä**hen • die Tr**ä**ne

Hier kann ein verwandtes Wort helfen:

lang – | *der Traum –*

die Kraft – | *der Arzt –*

die Naht – | *scharf –*

Das sind Merkwörter:

____

____

★ Finde weitere Merkwörter! *März, ...*

Bist du fit?

Der März ist _______________ der Mai. lang

Der April ist _______________ der Februar. lang

Im Süden ist es meist _______________ bei uns. warm

Im Sommer ist es manchmal _______________ im Süden. warm

1 Vergleiche! Verwende „… **als**“ oder „**so** … **wie**“!

2 Bilde Aussagesätze!

im Winter | Biber | schlafen | etwa 20 Stunden am Tag

____

____

halten | Aber | sie | keinen Winterschlaf

____

hat | Die Biberburg | eine Wohnburg und einen Biberdamm

____

____

in kleinen Familien | Biber | leben

____

3 Markiere die Subjekte und die Prädikate!

1 ☺ 😐 2 ☺ 😐 3 ☺ 😐

4 Unterstreiche die sechs Fehler im Text! Schreibe den Text richtig ab!

Im Merz sind die Nechte noch kalt.

die ersten Blumen und Streucher blühen in den Gerten.

Schon früh hört man die Vögel singen

5 Lies den Text genau!
Notiere wichtige Informationen auf dem Stichpunktzettel!

Die Entwicklung des Maikäfers

Ende Mai legen die Maikäferweibchen ungefähr 80 Eier tief im Boden ab.
Etwa sechs Wochen später schlüpfen die Larven.
Sie heißen Engerlinge.
Diese leben mehrere Jahre unter der Erde und fressen Pflanzenwurzeln.
Nach drei Jahren verpuppen sich die Engerlinge.
Im vierten Jahr schlüpfen aus den Puppen die neuen Maikäfer.

Wusstest du schon?

Rund um den Computer

1 Beschrifte die Abbildung!

Laptop | Drucker | USB-Stick | Tablet | Maus | Smartphone

1 ____________________

2 ____________________

3 ____________________

4 ____________________

5 ____________________

6 ____________________

2 Verbinde jedes Wort mit der passenden Erklärung!

surfen	Aus dem Internet kann man Bilder, Texte oder Musik herunterladen.
mailen	Auf Deutsch heißt das Wort: plaudern. Über das Internet kann man mit Hilfe der Tastatur mit anderen „reden“.
bloggen	Darunter versteht man das Springen von einer Internetseite zur nächsten.
chatten	Damit ist das Verschicken von E-Mails gemeint. Eine E-Mail ist elektronische Post, die in wenigen Sekunden durchs Internet geschickt werden kann.
downloaden	Hier schreibt mindestens eine Person im Internet ein Tagebuch, das sich jeder anschauen kann.

★ Was machst du am liebsten mit dem Computer?

Zweiteiliges Prädikat

1 Felix bereitet ein Quiz für seine Klasse vor.
Unterstreiche in jeder Wortgruppe das passende Verb!

1 Thema aussuchen/versuchen

2 Fragen umdenken/ausdenken

3 Informationen im Internet aufrufen/berufen

4 passende Inhalte verwählen/auswählen

5 immer drei Lösungen umschreiben/aufschreiben

6 fertiges Blatt ausdrucken/umdrucken

2 Schreibe die Anleitung von Felix weiter!
Verwende die unterstrichenen Verben als Prädikate!

3 Kreise in jedem Satz die Prädikate ein!

★ Schreibe selbst ein Rätsel oder ein Quiz für deine Mitschüler!

Tabellen lesen

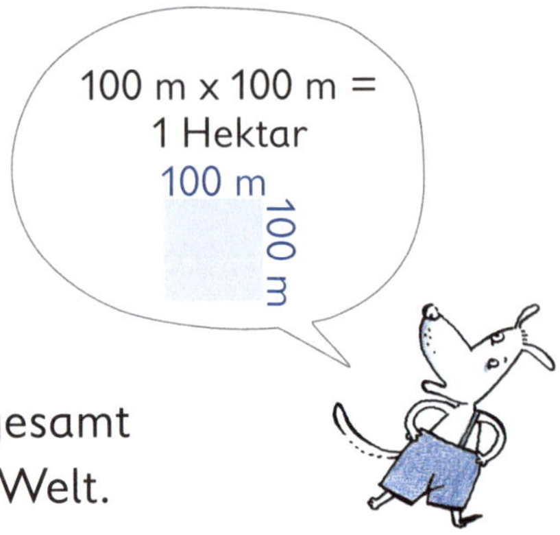

1 Lies den Text!
Fülle dann die Lücken in der Tabelle aus!

Der Thüringer Zoopark Erfurt ist mit 63 Hektar der drittgrößte Zoo Deutschlands. Dort leben insgesamt etwa 346 Tierarten. Das sind 2278 Tiere aus aller Welt.

Name	Fläche	Tierarten	Tiere
Tierpark Berlin-Friedrichsfelde	160 Hektar	815	7682
Zoologischer Garten Halle	9 Hektar	250	1700
Zoo Leipzig	26 Hektar	850	9500
Zoopark Erfurt			
Zoo Rostock	56 Hektar	320	4500

2 Vergleiche die Angaben in der Tabelle! Vervollständige die Sätze!

Die kleinste Fläche hat der ____________________

Der Tierpark Berlin-Friedrichsfelde besitzt ________ Tierarten.

Im ____________________ kann man die meisten Tiere beobachten.

Im Zoo Rostock leben ________ Tiere auf ________ Hektar.

3 Markiere die acht versteckten Zootiere!

K	Q	G	I	R	A	F	F	E
P	F	F	H	J	R	Ä	W	O
I	Ö	E	L	E	F	A	N	T
N	G	F	H	S	V	I	P	I
G	P	L	S	N	A	G	L	G
U	J	Ö	X	B	F	S	A	E
I	Z	W	O	L	F	Ü	M	R
N	G	E	P	M	E	F	A	L

★ Welcher Zoo ist der älteste in Deutschland?

Diagramme verstehen

1 Zeichne die Angaben für Tiger und Zebra ein!

So alt können die Tiere im Zoo und in der Natur werden:

Alter in Jahren	5	10	15	20	25	30	35	40	45	50	55	60
Giraffe												
Elefant												
Eisbär												
Tiger												
Zebra												

2 Sieh im Diagramm genau nach! Beantworte die Fragen!

Welches Tier lebt besonders lange? ____________

Wie viele Jahre kann eine Giraffe im Zoo leben? ____________

Welche Tiere leben im Zoo länger als 20 Jahre?

____

3 Denke dir eine eigene Frage zum Diagramm aus!
Schreibe Frage und Antwort auf!

Frage: ____________

Antwort: ____________

★ Erforsche, warum viele Tiere im Zoo länger leben!

Einen Text am Computer schreiben

1 Verbinde die Wortgruppen mit der richtigen Erklärung!

Text markieren	„Return"-Taste drücken
Leerzeile einfügen	Text links, rechts, in der Mitte oder im Blocksatz ausrichten
Text ausrichten	gedrückte Maustaste über den Text ziehen
Wörter hervorheben	mit Tastenzeichen Muster machen
Text verzieren	Wörter markieren und fett, kursiv oder unterstrichen formatieren

2 Karam hat seine Antwort am Computer geschrieben und bearbeitet. Markiere in Text 2 alle Veränderungen!

1

Hallo Maria, vielen Dank für die Einladung zu deinem Geburtstag. Ich komme gern.
Karam

2

****

Hallo Maria,

vielen Dank für die Einladung zu deinem Geburtstag.
Ich komme gern.
Karam

3 Schreibe in Stichpunkten auf, was Karam alles verändert hat! Nutze die Wortgruppen aus Aufgabe 1!

★ Schreibe und gestalte selbst eine Einladung!

Wörter mit hl, hm, hn, hr

1 Finde ein verwandtes Substantiv!
Schreibe es mit Artikel auf und markiere den Wortstamm!

wählen

fühlen

gefährlich

erzählen

bohren

lehren

2 Kennzeichne alle Wörter einer Wortfamilie mit der gleichen Farbe!

fühlen, vornehmen, Belohnung, aufführen,
nehmen, Gefühl, Anführer, belohnen,
Vorführung, Lohn, abnehmen, fühlbar

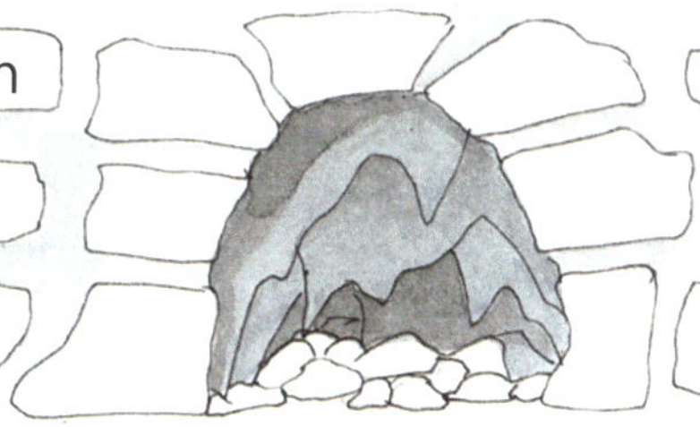

3 Setze immer das passende Wort in die Lücke ein!

wohnen
kühl
Höhle
ernähren
sehr
erzählen
Lehrerin

Zum Wandertag besuchen wir mit unserer ___

eine alte ___. Darin ist es feucht und ___.

Im Innern der Höhle ___ viele Fledermäuse.

Sie ___ sich von Insekten. Deshalb sind sie

___ nützlich. Nun können wir zu Hause davon ___.

★ Finde Wortfamilien zu **erzählen** und **Fehler**!

Mit Tieren leben

Stichpunkte schreiben

1 Lies den Sachtext genau!

Die Katze

Schon seit Jahrhunderten werden Katzen von den Menschen als Haustiere gehalten. Die Hauskatze stammt von der Wildkatze ab. Die Tiere haben einen runden Kopf mit zwei kleinen Ohren. Sie besitzen Schnurrhaare, ein dichtes Fell und einen langen Schwanz. Katzen klettern sehr geschickt. Mit ihren Augen können sie auch in der Dämmerung gut sehen. Besonders gern spielen die Tiere mit allem, was sich bewegt. Katzen können 12 bis 14 Jahre alt werden.

2 Unterstreiche im Text mit vier Farben, was du über die Abstammung, das Aussehen, Besonderheiten und das Alter von Katzen erfährst!

3 Schreibe deine Stichpunkte auf die passende Karte!

Abstammung:

Aussehen:

Besonderheiten:

Alter:

★ Erkunde, was Katzen alles fressen!

Wörtliche Rede und Begleitsätze

1 Lies den Text! Was sagt Mia? Was sagt die Verkäuferin?
Unterstreiche mit zwei verschiedenen Farben!

Mia möchte sich ein Meerschweinchen kaufen. Sie informiert sich deshalb in einer Zoohandlung.

Mia fragt: „Wie groß muss der Käfig sein?“ Die Verkäuferin antwortet: „Der Käfig sollte viel Platz bieten.“ Mia will weiter wissen: „Was fressen diese Tiere?“ Die Frau sagt: „Sie brauchen ausreichend Heu und Frischfutter.“ Mia erkundigt sich: „Kann ein Meerschweinchen auch allein im Käfig leben?“ Die Verkäuferin erklärt Mia: „Meerschweinchen sind sehr gesellige Tiere. Sie sollten deshalb mindestens zu zweit gehalten werden.“

2 Ergänze die Begleitsätze richtig!

tröstet
antwortet
klagt
fragt

Mama ______________: „Wo bist du gewesen?“

Mia ______________: „Ich war in der Zoohandlung.“

Mias Bruder ______________: „Du wolltest mich doch mitnehmen!“

Mia ______________: „Du darfst das Tier mit aussuchen!“

3 Was könnte Mia in der Zoohandlung noch fragen?
Schreibe zwei Fragesätze auf! Setze die Zeichen der wörtlichen Rede!

Mia fragt: ______________________________

Mia will wissen: ______________________________

____

★ Finde heraus, wie das Meerschweinchen zu seinem Namen kam!

Nach dem Subjekt fragen

1 Frage in jedem Satz nach dem Subjekt: **Wer oder Was?**
Schreibe die Frage auf und unterstreiche das Subjekt!

Die Erdmännchen leben im Süden Afrikas.

Greifvögel sind die Feinde dieser Tiere.

Erdspalten bieten ihnen Schutz bei Gefahr.

Ein Erdmännchen hält immer Wache.

2 Schreibe Aussagesätze!
Unterstreiche das Subjekt, kreise das Prädikat ein!

der Eisbär	gehören	am Nordpol
die Giraffe	leben	zu den Raubkatzen
der Löwe	fressen	Blätter vom Baum

★ Ergänze das Wortfeld! Tiere können: **schleichen**, **springen**, …

Wörter mit ie

1 Unterstreiche Reimwörter mit gleicher Farbe! Schreibe sie dann geordnet auf!

biegen • Ziel • gießen • viel • wiegen • schießen • Spiel
liegen • fließen • Stiel • fliegen • schließen

2 Schreibe mit jedem Brückenwort zwei Zusammensetzungen auf!

Reise – Ziel – Fahne

Fußball – Spiel – Feld

Auto – Spiegel – Bild

Brief – Papier – Flieger

3 Trage die Wörter ein! Schreibe Großbuchstaben!

Vögel können
Gegenteil von wenig
man kann sie singen
Nachfolger der 6
Gegenteil von stehen
fleißiges Insekt

Lösungswort:

★ Sammle zusammengesetzte Substantive mit dem Wort **Tier**!

Bist du fit?

Die Grille und die Ameise

Den ganzen Sommer über sammelte die Ameise fleißig Vorräte. Dabei vermisste sie ihre Freundin, die Grille. Sie fragte jeden Waldbewohner: Hast du die kleine Grille gesehen Der Fuchs sagte: Ich glaube, sie ist weggezogen Die Ameise entgegnete: Das würde sie nie tun, ohne mir Bescheid zu sagen Die schlaue Eule gab der Ameise einen Rat: Gib eine Anzeige in der Waldzeitung auf, dann wirst du sie finden

1 Unterstreiche die wörtliche Rede farbig! Setze die fehlenden Zeichen!

2 Markiere Subjekt und Prädikat!

Laura und Erik sitzen am Computer.

Sie bereiten einen Vortrag über Hauskatzen vor.

Laura schaltet den Computer ein.

Erik schlägt schnell die richtigen Seiten auf.

Wichtige Informationen schreibt Laura ab.

Erik fügt noch ein Bild ein.

Zum Schluss drucken die Kinder den Text farbig aus.

3 Schreibe die Grundformen der zusammengesetzten Verben auf!

4 Lies das Diagramm! Beantworte dann die Fragen!

Umfrage in der Klasse 3: Wie viele Bücher hast du in diesem Jahr gelesen?

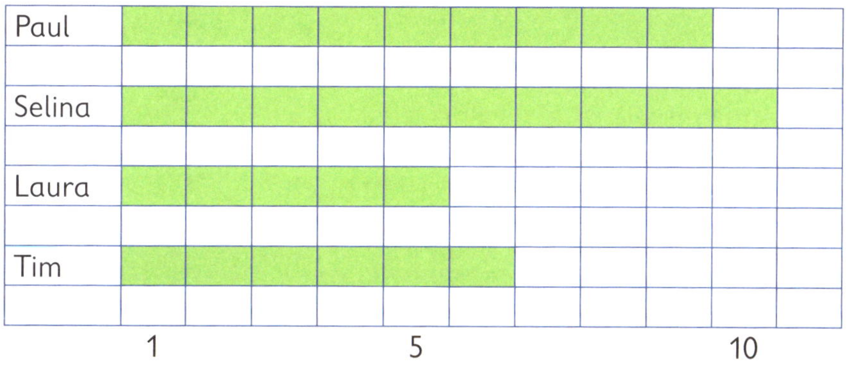

Wer hat die meisten Bücher gelesen? ____________

Wer hat die wenigsten Bücher gelesen? ____________

Wie viele Bücher haben die vier Kinder zusammen gelesen?

____

5 Unterstreiche im Text nur die Informationen, die für den Stichpunktzettel wichtig sind! Schreibe sie dann auf!

Katzen sind schon lange Freunde des Menschen. Die Tiere haben ein dichtes Fell und ein Raubtiergebiss. Besonders auffallend sind ihre vier Eckzähne. Die Zunge der Katze ist lang und hat kleine Widerhaken. Damit kann das Tier gut Flüssigkeiten aufschlecken. Mit ihren langen Schnurrhaaren kann die Katze sehr gut tasten. Katzen sind geschickte Kletterer. Auch in der Dämmerung können sie gut sehen.

Das Aussehen der Katze

____

____

____

____

____

____

Bücher, Bücher …

Bücher unterscheiden

1 Immer drei Teile gehören zusammen.
Male die Buchstaben mit gleicher Farbe aus!

D Comic i Sachbuch t Kinderbuch

s *Der Siebenschläfer bewohnt hauptsächlich Laub- und Mischwälder. Er hat einen buschigen Schwanz und sieht Mäusen sehr ähnlich.*

o Diese Bücher erzählen von erfundenen oder wirklichen Begebenheiten und Dingen.

a 

t In diesen Büchern kannst du dich über verschiedene Sachverhalte informieren.

ll Die Sommerferien waren ziemlich verregnet. Max schaute wütend aus dem Fenster. „Schon wieder kein Badewetter!“, schimpfte er. Plötzlich klingelte …

s Hier wird eine Geschichte in Bildern dargestellt.

Oft gibt es Sprechblasen oder Denkblasen.

Lösungssatz: ☐☐☐ ☐☐☐ ☐☐☐☐!

2 In welchen Büchern stehen solche Texte? Schreibe die Namen darüber!

____________________	____________________
Es war einmal ein kleines Mädchen, das hatte jeder lieb …	**Tomatensuppe** Zutaten: Tomaten, eine Zwiebel, …

★ Welche Bücher liest du besonders gern?

Wörter mit ss und ß

1 Entscheide, ob **ss** oder **ß**!
Markiere die Selbstlaute davor so: lang (_) / kurz (.)!

schlie ___ en — das Schlo ___
bei ___ en — der Bi ___
grü ___ en — der Gru ___
rei ___ en — der Ri ___
sto ___ en — der Sto ___
me ___ en — das Ma ___

2 Bilde neue Verben! Schreibe sie auf!

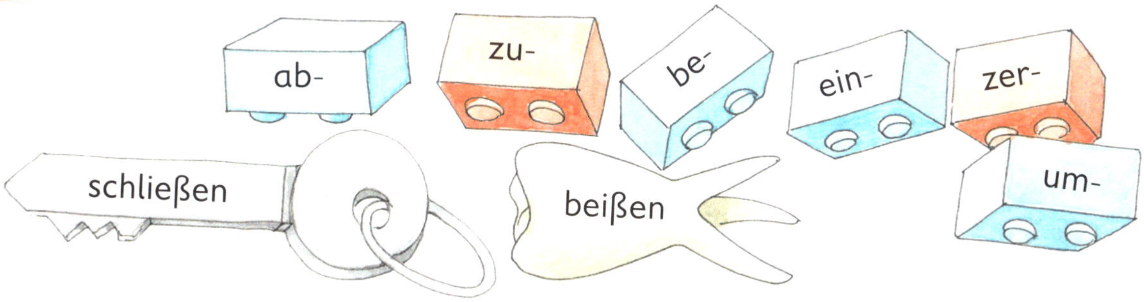

(5 Wörter) ______________________

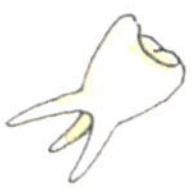

(3 Wörter) ______________________

3 Wähle drei Verben aus Aufgabe 2 aus! Schreibe Wortgruppen!

____

____

____

★ Finde noch weitere dieser Verben! *essen* – aber *er aß* ...

Einen Comic gestalten

1 Betrachte die Bilder! Schreibe noch einen Satz dazu!

Die geheimnisvolle Insel

Nach einer langen, abenteuerlichen Fahrt mit dem Ballon landet Ben endlich auf einer einsamen Insel. Er hat großen Hunger.

2 Fülle die Sprechblase und die Gedankenblase aus!

3 Wie könnte die Begegnung mit dem **Girazedil** enden? Gestalte weiter!

★ Welche exotischen Tiere möchtest du treffen?

Ideen für Geschichten sammeln

1 Zeichne dein Tier! Gib ihm einen Namen!

NASGUFANT

PATIMEL

2 Suche dir ein Tier aus! Sammle weitere Wörter!

Was frisst das Tier?

Wie sieht es aus?

Wo schläft es?

Was wollt ihr zusammen machen?

★ Erzähle oder schreibe dein Inselabenteuer auf!

Im Sommer

Tabellen lesen und verstehen

1 Fülle die Lücken in der Tabelle aus! Beantworte dann die Fragen!

Uhrzeit	10 Uhr	12 Uhr	14 Uhr	16 Uhr
Wetter				
Lufttemperatur	24°C	28°C		32°C

 wolkig
 sonnig
 Gewitter

Um 14 Uhr ist es bei 30°C sonnig.

Wann wird die höchste Temperatur erwartet? ______

Wie viele Stunden wird es sonnig sein? ______

Wann wird ein Gewitter erwartet? ______

Wird es am Vormittag regnen? ______

2 Welches Wasserbecken ist gemeint?
Vervollständige die Sätze!

Schwimmerbecken	22°C
Springerbecken	24°C
Wellenbecken	25°C
Massagebecken	28°C

Leon badet bei 25°C im ______.

Im ______ ist es am kältesten.

Am wärmsten ist es im ______.

Die Temperatur im ______ beträgt 24°C.

★ Was tust du im Freibad am liebsten?

Adjektive mit -ig, -lich, -isch

1 Schreibe die Wörter geordnet in die Tabelle!
Ergänze die fehlenden Adjektive!

Regen
regnen
regnerisch

hungern, erschrecken, Sturm, Schmutz, verschmutzen, stürmen, Hunger, Schreck

Substantive	Verben	Adjektive

2 So ein Kuddelmuddel!
Unterstreiche die Adjektive farbig!

Heute war ein hungriger Tag. Ein schmutziger Wind blies ums Haus. Die regnerischen Spatzen badeten trotzdem in den stürmischen Pfützen.

3 Schreibe die Wortgruppen aus Aufgabe 2 richtig auf!

★ Erfinde ein **Kuddelmuddel** mit Adjektiven!

Sommerferienwünsche

1 Lies die Treppengedichte!
Zähle in jeder Zeile die Adjektive! Schreibe die Anzahl dahinter!

Sommer
heißer Sommer
langer, heißer Sommer
sonniger, langer, heißer Sommer
lustiger, sonniger, langer, heißer Sommer

Abenteuer
spannendes Abenteuer
dunkles, spannendes Abenteuer
gruseliges, dunkles, spannendes Abenteuer

2 Suche dir ein Substantiv aus, das zum Sommer passt!
Sammle dazu Adjektive!

Mein Substantiv: ______________________

Adjektive: ______________________

____

3 Schreibe dein Treppengedicht auf und gestalte es!

Warum ist nicht jeder Wunsch erfüllbar?

Wörter mit aa, ee, oo

1 Finde die Substantive mit **aa**, **ee**, **oo**! Schreibe sie auf!

großer Raum ______ • fällt im Winter vom Himmel ______

wächst auf dem Kopf ______ • fährt auf dem Wasser ______

Tierpark ______ • großes Gewässer mit Wellen ______

erfüllt im Märchen Wünsche ______

kann man essen ______ • heißes Getränk ______

wächst auf der Wiese ______

2 **Paar** oder **paar**? Setze richtig ein!

ein ______ Kinder

ein ______ Schwimmflossen

ein ______ Badeschuhe

ein ______ Getränke

ein ______ Handtücher

ein ______ Socken

3 Schreibe jeweils einen Satz mit **paar** und **Paar**!

______

______

★ Findest du Wörter mit **ii** und **uu**?

Bist du fit?

Am letzten Sonntag verbrachten wir eine

__________ Nacht.

Wir durften im __________ Baumhaus schlafen.

Das war sehr __________. Keiner von uns

war __________.

Zuerst erzählten wir uns __________ Geschichten.

Spät am Abend wurde es auf dem Baum ganz __________.

Als wir morgens aufwachten, war es wieder __________.

Abenteuer
Luft
Spaß, Angst
Witz
Ruhe
Sonne

1 Setze passende Adjektive in die Lücken!
Die Substantive im Kasten helfen dir!

2 Trage **ss** oder **ß** richtig ein!

bei __ en • die Stra __ e • e __ en • grü __ en • sü __ • verge __ en
der Flu __ • der Spa __ • drau __ en

3 Schreibe die Verben aus Aufgabe 2 in die Tabelle!

Grundform	**Präsens**	**Präteritum**
	er	er
	er	er
	er	er
	er	er

 1 ☺ 😐 2 ☺ 😐 3 ☺ 😐

4 Setze **Paar** oder **paar** richtig ein!

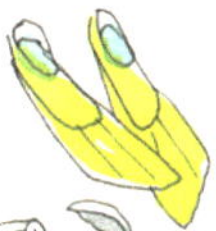
ein ____________ Schwimmflossen

ein ____________ Muscheln

ein ____________ Federbälle

ein ____________ Turnschuhe

5 Lies genau! Fülle die Lücken im Text aus!

	Montag	**Dienstag**	**Mittwoch**
morgens			
mittags			
abends			

 bewölkt
 wolkig
 sonnig
 Gewitter

Am ____________ ist es den ganzen Tag wolkig.

Am Dienstag ist es morgens ____________.

Ein Gewitter kann am ____________ kommen.

Am ____________ und am ____________

ist es mittags ____________.

6 Schreibe einen Wunsch für die Sommerferien auf und begründe ihn!
Schreibe Sätze!

____

____

____

Sprachfreunde 3

Arbeitsheft
Ausgabe Süd

Erarbeitet von
Katrin Junghänel, Susanne Kelch und Andrea Knöfler

Unter Einbeziehung der Ausgabe von
Susanne Kelch, Andrea Knöfler, Heike Schindler und Heike Wessel

Unter Beratung von
Jenny Glase (Berlin)

Redaktion: Christina Nier

Illustration: Barbara Schumann, Uta Bettzieche (Hund und Detektiv)

Umschlaggestaltung: tritopp Berlin; Uta Bettzieche, Barbara Schumann

Layout und technische Umsetzung: tritopp, Berlin

www.vwv.de

Alle Drucke dieser Auflage sind inhaltlich unverändert und können im Unterricht nebeneinander verwendet werden.

Druck: Firmengruppe APPL, aprinta Druck, Wemding

1. Auflage, 1. Druck 2016
Arbeitsheft 3, Ausgabe Süd
ISBN 978-3-06-083656-7

1. Auflage, 1. Druck 2016
Arbeitsheft 3, Ausgabe Süd mit CD-ROM
ISBN 978-3-06-083657-4

PEFC
PEFC/04-32-0928

PEFC zertifiziert
Dieses Produkt stammt aus nachhaltig bewirtschafteten Wäldern und kontrollierten Quellen
www.pefc.de

ISBN 978-3-06-083122-7

1. Auflage, 10. Druck 2015

Liebe Lehrerinnen und Lehrer,

die bundesweiten Vergleichsarbeiten (VERA) zur Lernstandserhebung sind in der Grundschule mittlerweile zu einem festen Bestandteil geworden. Sie werden jährlich gegen Ende der dritten Klasse durchgeführt und sollen das Erreichen der Bildungsstandards überprüfen sowie Hinweise zur Verbesserung der Lernleistungen und für die Weiterentwicklung des Unterrichts geben. Dazu gehört auch die Verbesserung der Diagnosegenauigkeit.
Sich über einen längeren Zeitraum auf Aufgaben zu konzentrieren, ist für viele Schülerinnen und Schüler ungewohnt und anstrengend. Das gilt auch für die Erfahrung, unter Zeitdruck zahlreiche, zum Teil noch unbekannte Aufgabenformate ohne Hilfsmittel bearbeiten zu müssen.

Mit den vorliegenden Lernstandserhebungen möchten wir Ihre Schülerinnen und Schüler und Sie selbst unterstützen:

- Den Schülerinnen und Schülern sollen die Lernstandserhebungen helfen, sich mit sorgfältig ausgewählten Aufgaben, wie sie auch in den Vergleichsarbeiten verwendet werden, **auf die ungewohnte Testsituation vorzubereiten**. Möglicherweise vorhandene Ängste können so abgebaut und es kann Sicherheit gegenüber der zukünftigen Testsituation gewonnen werden.
- Bei Ihrer **täglichen förderdiagnostischen Arbeit** sollen die Lernstandserhebungen Sie unterstützen und dabei helfen, aktuelle Lernstände und vorhandene Kompetenzen Ihrer Schülerinnen und Schüler in den verschiedenen inhaltlichen Bereichen einzuschätzen und den individuellen förderdiagnostischen Bedarf zu ermitteln.

Die Aufgaben sind an den KMK Bildungsstandards sowie den Lehr- und Bildungsplänen der Bundesländer orientiert und fokussieren die dort beschriebenen Lernziele und zu erreichenden Kompetenzen.
Im **Auswertungsbogen** werden neben den **Aufgabenlösungen** das jeweilige **Niveau** der Aufgabe sowie die jeweils fokussierten **Fähigkeiten, Fertigkeiten und Kenntnisse** beschrieben, die zur Aufgabenbewältigung im Wesentlichen benötigt werden.
In Anlehnung an die drei in den KMK Bildungsstandards angeführten Anforderungsbereiche „Wiedergeben", „Zusammenhänge herstellen" sowie „Reflektieren und beurteilen" (vgl. Bildungsstandards im Fach Deutsch für den Primarbereich, Beschluss vom 15. 10. 2004, S. 17) und die VERA-Fähigkeitsniveaus 1–3 (vgl. VERA, Hinweise zur Weiterarbeit, Erläuterungen zu den Deutschaufgaben 2009, S. 2) sind den Aufgaben der vorliegenden Lernstandserhebungen drei Niveaustufen zugeordnet, die entsprechend *grundlegende, erweiterte* und *fortgeschrittene* Fähigkeiten erfordern.

Niveau 1: „Wiedergeben" → erfordert grundlegende Fähigkeiten
Das Lösen der Aufgabe erfordert die Wiedergabe bekannter Informationen und die Anwendung grundlegender Verfahren und Routinen.
Niveau 2: „Zusammenhänge herstellen" → erfordert erweiterte Fähigkeiten
Das Lösen der Aufgabe erfordert das Erkennen von Zusammenhängen, das Verknüpfen von Informationen sowie das Anwenden erworbenen Wissens und bekannter Methoden.
Niveau 3: „Verallgemeinern, reflektieren und beurteilen" → erfordert fortgeschrittene Fähigkeiten
Das Lösen der Aufgabe erfordert den Umgang auch mit neuen Sachverhalten und das Entwickeln eigenständiger Beurteilungs- und Lösungsansätze.

Der Auswertungsbogen der Lernstandserhebungen bietet darüber hinaus Platz für Ihre **Beobachtungen und Notizen** zur Einschätzung des jeweiligen Lernstandes des Kindes im Rahmen Ihrer förderdiagnostischen Arbeit.

Den Schülerinnen und Schülern ermöglicht ein einfaches Smiley-System auf den Testseiten die **Selbsteinschätzung** und schafft so eine Basis zur Reflexion des eigenen Lernstandes. Gemeinsam mit dem Kind können anschließend die Ergebnisse aus der Selbsteinschätzung und Ihre Einschätzungen aus dem Auswertungsbogen in einem förderdiagnostischen Gespräch zu einem Gesamtbild zusammengefügt und Lernziele sowie nächste Lernschritte vereinbart werden. Dabei kann es im Sinne einer dialogisch orientierten Förderdiagnostik sehr aufschlussreich sein, nach Lösungswegen und Erklärungen bei falsch gelösten Aufgaben zu fragen, um Einblicke in die Denkwege Ihrer Schülerinnen und Schüler bei der Lösung einer Aufgabe zu bekommen.

Die Lernstandsseiten erheben nicht den Anspruch, eine kontinuierliche Beobachtung und Dokumentation des Lernverlaufs sowie förderdiagnostische Maßnahmen zu ersetzen. Sie können aber einen wichtigen Beitrag zu Ihrer alltäglichen förderdiagnostischen Arbeit leisten.

Ihr Cornelsen Verlag

Erarbeitet von:	Rüdiger-Philipp Rackwitz
Redaktion:	Birgit Waberski
Illustrationen:	Gabriele Heinisch
Layout und technische Umsetzung:	Birgit Riemelt, Panketal

Liebe Schülerin, lieber Schüler,

mit diesen Aufgaben kannst du herausfinden, was du schon gut kannst und was du noch üben solltest.

Bearbeite die Aufgabenblätter so:

1. Schreibe deinen Namen und das Datum oben auf jedes Blatt.
2. Lies dir die Aufgabe in Ruhe durch.
3. Bearbeite die Aufgabe.
4. Wenn du bei einer Aufgabe nicht weiterkommst, mache bei der nächsten weiter und versuche es später noch einmal. Du kannst auch jemanden um Hilfe fragen.
5. Wenn du eine Aufgabe bearbeitet hast, kreuze an, wie leicht oder wie schwierig du sie findest:

   Diese Aufgabe
   ☺ kann ich gut lösen
   😐 kann ich nur zum Teil lösen
   ☹ kann ich gar nicht lösen

Es gibt verschiedene Aufgabenarten:

Bei manchen Aufgaben sollst du die richtige Antwort ankreuzen.

Beispiel: Was hängt in der Schule? Kreuze an.

☐ Waffel ☒ Tafel ☐ Tante

Meistens ist nur eine Antwort richtig. Wenn mehrere Antworten richtig sind, steht in der Aufgabe „Kreuze **alle** richtigen Antworten an."

Bei manchen Aufgaben sollst du etwas in einem Text **unterstreichen** oder ein falsches Wort **durchstreichen**.

Beispiele: Wort ~~Wort~~

Bei manchen Aufgaben sollst du die Antwort **aufschreiben**.
Bei Aufgaben mit einer kurzen Schreiblinie reicht es, ein oder zwei Wörter aufzuschreiben. Bei längeren Linien solltest du einen oder mehrere Sätze schreiben.

Viel Spaß und viel Erfolg!

Lernstandserhebung 1 Seite 1

Sprache, Klasse 3

Name:

Datum:

Wie ist mein Ergebnis?

☺ 😐 ☹

1 Ordne die Wörter nach dem Alphabet und schreibe sie in der richtigen Reihenfolge auf.

Tante	Tinte	Teller	Tulpe	Tonne

☺ 😐 ☹

2 Finde die Sätze. Trage nach jedem Satz ein passendes Satzzeichen ein: . ! ?

Achtung hier musst du genau hinsehen welche Wörter bilden einen Satz pass gut auf so schwer ist es nicht hast du alle Sätze gefunden

☺ 😐 ☹

3 Schreibe den Text mit den Satzzeichen ab. Worauf musst du am Satzanfang achten?

☺ kann ich gut lösen ☺ kann ich nur zum Teil lösen ☹ kann ich gar nicht lösen

Name: Datum:

Wie ist mein Ergebnis?

4 Unterstreiche alle Adjektive (Eigenschaftswörter).

Ein braunes Eichhörnchen sammelt Vorräte
für den kalten Winter. Es versteckt kleine Nüsse
und runde Eicheln in dunklen Baumhöhlen
und unter dicken Wurzeln.
Wenn es im Winter Hunger hat,
holt es die Nahrung wieder
aus den Verstecken.

5 Schreibe alle Adjektive (Eigenschaftswörter) aus dem Text mit dem dazugehörenden Substantiv (Namenwort) in der Einzahl auf. Verwende den richtigen Artikel (Begleiter).

das braune Eichhörnchen

6 Welcher Satz steht in der Vergangenheit? Kreuze an.

- ☐ Die Sonne scheint.
- ☐ Morgen wird es regnen.
- ☐ Hans ging auf den Spielplatz.

☺ kann ich gut lösen ☹ kann ich nur zum Teil lösen ☹ kann ich gar nicht lösen

Name: Datum:

Wie ist mein Ergebnis?

☺ 😐 ☹

7 Bilde passende Adjektive (Eigenschaftswörter) zu den Substantiven (Namenwörtern).

der Schmutz – schmutzig

der Ärger – ____________

die Eile – ____________

der Hunger – ____________

der Freund – ____________

der Zorn – ____________

☺ 😐 ☹

8 Verbinde die Wörter mit dem gleichen Wortstamm.

dunkel ■	■ die Trage
trägt ■	■ die Drehung
schnell ■	■ die Schnelligkeit
dreht ■	■ die Dunkelheit

☺ 😐 ☹

9 Schreibe die Verben (Tätigkeitswörter) in der Grundform auf.

es wächst – ____________

sie ging – ____________

es schneit – ____________

er fuhr – ____________

es klang – ____________

Gut gemacht! Jetzt hast du alles geschafft!

☺ kann ich gut lösen 😐 kann ich nur zum Teil lösen ☹ kann ich gar nicht lösen

Name: Datum:

Wie ist mein Ergebnis?

1 Wortarten: In jedem Kasten gehört ein Wort nicht dazu.
Streiche es durch.

fliegt	niesen	blühte	fröhlich	trinken

kalt	hoch	scheint	offen	lang

2 Schreibe den Text ab. Setze dabei die Verben (Tätigkeitswörter) in die Vergangenheitsform.

Luca, Jarno und Lilli fahren zum See.
Erst schwimmen sie eine Runde, dann spielen sie Fußball.
Anschließend holen sie sich ein Eis am Kiosk.
Mit dem Fahrrad geht es ab nach Hause.

kann ich gut lösen kann ich nur zum Teil lösen kann ich gar nicht lösen

Name: Datum:

Wie ist mein Ergebnis?

☺ 😐 ☹

3 Aus welchen Wörtern sind diese Substantive (Namenwörter) zusammengesetzt? Schreibe die Wörter auf.

der Schreibtisch

schreiben + der Tisch

das Schwimmbad

__________ + __________

die Lesebrille

__________ + __________

der Wandertag

__________ + __________

das Schlafzimmer

__________ + __________

☺ 😐 ☹

4 Finde die sechs Substantive (Namenwörter) und schreibe sie mit ihrem Artikel (Begleiter) auf.

WARTEN SONNIG FRÜHLING ÖFFNET DOSE

ÄRGERN KLEID WÜTEND SCHREIT FELD

BUNT KAUFTE GRÜN KREIDE BRIEF SCHNEITE

____

____

____

Name: Datum:

Wie ist mein Ergebnis?

5 Ersetze die unterstrichenen Wörter durch ein passendes Verb (Tätigkeitswort).

flüstern	kritzeln	quatschen	kreisen	zeichnen	gleiten

Ein Adler fliegt am Himmel.

Franziska malt ein Bild.

Alex redet mit Lea.

6 Steigere die Adjektive (Eigenschaftswörter).

kühl, kühler, am kühlsten

stark,

heiß,

scharf,

häufig,

Gut gemacht! Jetzt hast du alles geschafft.

☺ kann ich gut lösen ☹ kann ich nur zum Teil lösen ☹ kann ich gar nicht lösen

Name: Datum:

Wie ist mein Ergebnis?

☺ 😐 ☹

1 Ein Wort passt nicht. Streiche es durch.

die	das	von	ein	der	eine

☺ 😐 ☹

2 Setze die Adjektive (Eigenschaftswörter) in der richtigen Form ein.

Melissa ist 9 Jahre alt. Sie ist 2 Jahre ______ *(alt)* als ihr ______ *(klein)* Bruder Max. Am Wochenende besuchen die beiden ihre Großeltern. Sie wohnen in einem Dorf, auf einem ______ *(groß)* Bauernhof. Dort gibt es ______ *(viel)* Tiere und nur ______ *(wenig)* Verkehr. Die Luft ist viel ______ *(frisch)* als in der Stadt. Wenn Melissa und Max zu Besuch kommen, bäckt ihre Oma immer einen ______ *(süß)* Blaubeerkuchen. Am ______ *(schön)* ist es, wenn ihnen Opa am Abend noch eine ______ *(spannend)* Geschichte erzählt, bevor sie einschlafen.

Name: Datum:

Wie ist mein Ergebnis?

3 Unterstreiche in jedem Satz das Subjekt (den Satzgegenstand).
Schreibe die Frage nach dem Subjekt (Satzgegenstand) darunter.

Melissa ist 9 Jahre alt.

____

Oma wohnt auf einem Bauernhof.

____

Opa erzählt eine Geschichte.

____

4 Unterstreiche in jedem Satz das Prädikat (die Satzaussage).
Schreibe die Frage nach dem Prädikat (der Satzaussage) darunter.

Oma stellt einen Kuchen auf den Tisch.

____

Melissa und Max schlafen.

____

Sie besuchen ihre Großeltern.

____

☺ kann ich gut lösen 😐 kann ich nur zum Teil lösen ☹ kann ich gar nicht lösen

Name: Datum:

Wie ist mein Ergebnis?

☺ 😐 ☹

5 Setze die passenden Personalpronomen (persönlichen Fürwörter) ein. Du kannst sie mehrfach verwenden.

ich	er	sie	es	wir	ihr

Max ist 7 Jahre alt. ______ hat eine ältere Schwester.

______ heißt Melissa. Melissa und Max freuen sich,

denn ______ besuchen ihre Großeltern. Ihre Großeltern

wohnen in einem Bauernhaus. ______ steht in einem Dorf.

Opa fragt die beiden: „Wollt ______ mir helfen, die Tiere

zu füttern?“ „Au ja, ______ helfen dir gerne!“, antwortet Melissa.

Max sagt: „______ möchte bitte die Hühner füttern.“

☺ 😐 ☹

6 Wortfamilien: Ergänze die Tabelle.

Namenwort (Substantiv)	Verb (Tätigkeitswort)	Adjektiv (Eigenschaftswort)
der Schlaf		schläfrig
	regnen	
		stürmisch
das Salz		
		feierlich

Gut gemacht! Jetzt hast du alles geschafft!

☺ kann ich gut lösen ☺ kann ich nur zum Teil lösen ☹ kann ich gar nicht lösen

Auswertungsbogen Lernstandserhebungen Deutsch Sprache, Klasse 3

Name: ______________ Klasse: ____

Lernstandserhebung 1 durchgeführt am ______________

Aufgabe	Niveau	Fähigkeiten, Fertigkeiten und Kenntnisse	Lösungen	Beobachtungen und Notizen
1	1	• Kenntnis des Alphabets • Wörter nach dem Alphabet sortieren • Sortierregeln kennen und anwenden	Tante, Teller, Tinte, Tonne, Tulpe	
2 bis 3	2, 3	• Sätze als Sinneinheit erkennen und abgrenzen • sinnvolle Sätze bilden • Satzzeichen (. ! ?) setzen • Großschreibung am Satzanfang	Achtung! Hier musst du genau hinsehen. Welche Wörter bilden einen Satz? Pass gut auf! So schwer ist es nicht. Hast du alle Sätze gefunden?	
4	1, 2	• Wortart Adjektiv (Eigenschaftswort) kennen, bestimmen und unterscheiden	braunes, kalten, kleine, runde, dunklen, dicken	
5	2	• bestimmte und unbestimmte Artikel (Begleiter) unterscheiden • Geschlecht des Substantivs (Namenworts) kennen und Artikel (Begleiter) zuordnen • aus der Mehrzahl die Einzahl bilden • Deklination von Adjektiven (Eigenschaftswörtern) (Nominativ Singular) • fehlerfrei abschreiben	der kalte Winter die kleine Nuss die runde Eichel die dunkle Baumhöhle die dicke Wurzel	
6	2	• Zeitformen kennen, unterscheiden und bestimmen (Vergangenheit)	Hans ging auf den Spielplatz.	
7	2, 3	• Prinzip der Wortfamilie und des Wortstammes kennen • Wortbildungsprozesse kennen • Adjektive (Eigenschaftswörter) durch Ableitung mit den Wortbausteinen -ig oder -lich bilden	ärgerlich eilig hungrig freundlich zornig	
8	2, 3	• Prinzip der Wortfamilie und des Wortstammes kennen • Grundform und Wortstamm von Verben (Tätigkeitswörtern) bestimmen • Wörter gleicher Wortfamilien erkennen und zuordnen	dunkel – die Dunkelheit trägt – die Trage schnell – die Schnelligkeit dreht – die Drehung	

Niveaustufen: **1** = „Reproduzieren" → erfordert grundlegende Fähigkeiten **2** = „Zusammenhänge herstellen" → erfordert erweiterte Fähigkeiten **3** = „Verallgemeinern, reflektieren und beurteilen" → erfordert fortgeschrittene Fähigkeiten

Auswertungsbogen Lernstandserhebungen Deutsch Sprache, Klasse 3

Name: ____________ Klasse: ____

Lernstandserhebung 1 durchgeführt am ________

Aufgabe	Niveau	Fähigkeiten, Fertigkeiten und Kenntnisse	Lösungen	Beobachtungen und Notizen
9	1, 2	• Verben (Tätigkeitswörter) in der Personalform erkennen • Zeitformen (Gegenwart, Vergangenheit) von Verben (Tätigkeitswörtern) erkennen • Grundform von Verben (Tätigkeitswörtern) herleiten	wachsen gehen schneien fahren klingen	

Lernstandserhebung 2 durchgeführt am ________

Aufgabe	Niveau	Fähigkeiten, Fertigkeiten und Kenntnisse	Lösungen	Beobachtungen und Notizen
1	1	• Wortart Verb (Tätigkeitswort) in der Grundform, Personalform und Zeitform kennen, unterscheiden und bestimmen • Wortart Adjektiv (Eigenschaftswort) kennen, unterscheiden und bestimmen	fröhlich scheint	
2	2, 3	• Personalform von schwachen und starken (regelmäßigen und unregelmäßigen) Verben (Tätigkeitswörtern) in der Vergangenheit bilden	Luca, Jarno und Lilli fuhren zum See. Erst schwammen sie eine Runde, dann spielten sie Fußball. Anschließend holten sie sich ein Eis am Kiosk. Mit dem Fahrrad ging es ab nach Hause.	
3	2	• Wortbildungsprozesse kennen • Wortbildung aus Verb (Tätigkeitswort) + Substantiv (Namenwort) kennen • zusammengesetzte Substantive (Namenwörter) analysieren • Grundform von Verben (Tätigkeitswörter) bestimmen • Geschlecht des Substantivs (Namenworts) kennen und Artikel (Begleiter) zuordnen	schwimmen + das Bad lesen + die Brille wandern + der Tag schlafen + das Zimmer	

Niveaustufen: 1 = „Reproduzieren" → erfordert grundlegende Fähigkeiten 2 = „Zusammenhänge herstellen" → erfordert erweiterte Fähigkeiten 3 = „Verallgemeinern, reflektieren und beurteilen" → erfordert fortgeschrittene Fähigkeiten

Auswertungsbogen Lernstandserhebungen Deutsch Sprache, Klasse 3

Name: ______________ Klasse: ____

Lernstandserhebung 3 durchgeführt am ______

Aufgabe	Niveau	Fähigkeiten, Fertigkeiten und Kenntnisse	Lösungen	Beobachtungen und Notizen
2	2, 3	• deklinierte Adjektive (Eigenschaftswörter) einsetzen • Steigerungsform von Adjektiven (Eigenschaftswörtern) in Abhängigkeit vom Kontext einsetzen	älter kleiner großen viele wenig frischer süßen schönsten spannende	
3	1, 2	• Subjekt (Satzgegenstand) bestimmen • Nach dem Subjekt (Satzgegenstand) fragen	Melissa – Wer ist 9 Jahre alt? Oma – Wer wohnt auf einem Bauernhof? Opa – Wer erzählt eine Geschichte?	
4	1, 2	• Prädikat (Satzaussage) bestimmen • Nach dem Prädikat (der Satzaussage) fragen	stellt – Was macht Oma? schlafen – Was machen Melissa und Max? besuchen – Was machen sie?	
5	2, 3	• Personalpronomen (persönliche Fürwörter) kennen und in Abhängigkeit vom Kontext einsetzen • Großschreibung am Satzanfang	Er, Sie, sie, Es, ihr, wir, Ich	
6	2, 3	• Prinzip der Wortfamilie und des Wortstammes kennen • Wortbildungsprozesse kennen • Grundform von Verben (Tätigkeitswörtern) kennen oder herleiten • Substantive (Namenwörter) kennen oder herleiten • Geschlecht des Substantivs (Namenworts) kennen und Artikel (Begleiter) zuordnen • Adjektive (Eigenschaftswörter) durch Ableitung mit den Wortbausteinen -ig, -lich, -isch bilden	der Schlaf – schlafen – schläfrig der Regen – regnen – regnerisch der Sturm – stürmen – stürmisch das Salz – salzen – salzig die Feier – feiern – feierlich	

Niveaustufen: **1** = „Reproduzieren" → erfordert grundlegende Fähigkeiten **2** = „Zusammenhänge herstellen" → erfordert erweiterte Fähigkeiten **3** = „Verallgemeinern, reflektieren und beurteilen" → erfordert fortgeschrittene Fähigkeiten

Auswertungsbogen Lernstandserhebungen Deutsch Sprache, Klasse 3

Name: ______________ Klasse: ____

Lernstandserhebung 2 durchgeführt am __________

Aufgabe	Niveau	Fähigkeiten, Fertigkeiten und Kenntnisse	Lösungen	Beobachtungen und Notizen
4	2, 3	• Wortarten Substantiv (Namenwort), Verb (Tätigkeitswort) (in Grundform und Personalform), Adjektiv (Eigenschaftswort) kennen und voneinander unterscheiden	der Frühling, die Dose, das Kleid, das Feld, die Kreide, der Brief	
5	2, 3	• Wortbedeutungen kennen • Wortfelder bestimmen • Synonyme finden • Personalformen von Verben (Tätigkeitswörtern) bilden	kreist *oder* gleitet kritzelt *oder* zeichnet flüstert *oder* quatscht	
6	1, 2	• Steigerung von Adjektiven (Eigenschaftswörtern)	stark, stärker, am stärksten heiß, heißer, am heißesten scharf, schärfer, am schärfsten häufig, häufiger, am häufigsten	

Lernstandserhebung 3 durchgeführt am __________

Aufgabe	Niveau	Fähigkeiten, Fertigkeiten und Kenntnisse	Lösungen	Beobachtungen und Notizen
1	1	• bestimmte und unbestimmte Artikel (Begleiter) kennen und unterscheiden • Artikel (Begleiter) von Präposition unterscheiden	von	

Niveaustufen: **1** = „Reproduzieren" → erfordert grundlegende Fähigkeiten **2** = „Zusammenhänge herstellen" → erfordert erweiterte Fähigkeiten **3** = „Verallgemeinern, reflektieren und beurteilen" → erfordert fortgeschrittene Fähigkeiten